Wer von Termin zu Termin hastet, dem sei Seneca als nachdenklich stimmende Anti-Streß-Lektüre empfohlen. Wer öfters Reden zu halten oder Geschäftsberichte zu verfassen hat, der nutzt die praktische Anwendbarkeit dieser Zitatensammlung. Wer sich mit Fragen aus Wirtschaft und Handel auseinandersetzt, wer Entscheidungen zu fällen hat, wer sich in Politik und Verwaltung engagiert, der erkennt und nutzt die Aktualität von Senecas Sentenzen für unsere Tage:

»Tugenden lernen heißt Fehler verlernen.« – »Wo die Handlungen nicht zusammenstimmen, ist die Seele nicht in Ordnung.« – »Das Maß des Notwendigen ist der Nutzen; wie aber willst du das Überflüssige beschränken?«

Ein Sachregister hilft, die betreffende Stelle aufzufinden, der Stellennachweis führt zur Quelle, die im übrigen wie das lateinische Original in dieser zweisprachigen Ausgabe zu finden ist.

insel taschenbuch 1656
Seneca für Manager

Seneca
für Manager

Sentenzen
Ausgewählt und übersetzt
von Georg Schoeck
Insel Verlag

insel taschenbuch 1656
Erste Auflage 1994
Insel Verlag Frankfurt am Main und Leipzig

Lizenzausgabe mit freundlicher Genehmigung des
Artemis Verlages Zürich und München
Hinweise zu dieser Ausgabe am Schluß des Bandes
Vertrieb durch den Suhrkamp Taschenbuch Verlag
Umschlag nach Entwürfen von Willy Fleckhaus
Satz: Satz-Offizin Hümmer, Waldbüttelbrunn
Druck: Nomos Verlagsgesellschaft, Baden-Baden
Printed in Germany

4 5 6 - 99

INHALT

Diese Sammlung verdankt ihre Entstehung einem konkreten Anlaß, der zugleich den etwas provokatorischen Titel erklärt. Als Bulletinredaktor eines typischen Managerklubs hatte ich während eines Jahres die Aufgabe, den wöchentlichen Vortrag mit einem Spruch einzuleiten. Auf der Suche nach brauchbarem Material stellte ich fest, daß sich bei Seneca sozusagen für jedes Thema eine passende Äußerung fand, was um so erstaunlicher war, als die Klubvorträge vorwiegend Gegenwartsproblemen aus Politik und Wirtschaft galten. Die Ähnlichkeit des Blickwinkels, der Zeitstimmung und der daraus resultierenden persönlichen Gefühlslage – Parallelitäten, die sich nur aus einer tiefen Verwandtschaft der Epochen erklären lassen – frappierten mich und brachten mich auf den Gedanken, die Seneca-Aussprüche, die im Lauf des Jahres zusammengekommen waren, zum Kern einer kleinen Sentenzensammlung zu machen. Hauptkriterium für die Auswahl blieb die Aktualität; wo sich eine Wirkung nur auf dem Umweg über philologische Erklärungen oder fachliche Kenntnisse erwarten ließ, verzichtete ich. Bei diesem Vorgehen schwebte mir ein Leser vor, dem es weniger auf Vollständigkeit oder Belehrung ankommen sollte als auf unmittelbares Betroffenwerden, interessante Problemstellungen und Anregungen zum Weiterdenken; die Eigenschaften dieses imaginären Lesers sah ich – vielleicht etwas summarisch, aber im Ganzen doch wohl zutreffend – im Bild des modernen Managers vereinigt. Obwohl mit der Zeit einiges in die Sammlung Eingang fand, was diesen Rahmen sprengte, wollen

doch Titel, Umfang und Blickrichtung des vorliegenden Buches den Ausgangspunkt nicht verleugnen.

Die Sentenzen

Die gewöhnliche Darstellung
ist für den Studierenden notwendig,
der knappe Auszug für Wissende:
jene belehrt, dieser begnügt sich mit Hinweisen.

In hoc enim fallimur, quod mortem prospicimus: magna pars eius iam praeterit. Quidquid aetatis retro est, mors tenet.

Dum differtur, vita transcurrit.

Omnia, Lucili, aliena sunt, tempus tantum nostrum est: in huius rei unius fugacis ac lubricae possessionem natura nos misit, ex qua expellit quicumque vult. Et tanta stultitia mortalium est, ut, quae minima et vilissima sunt, certe reparabilia, imputari sibi, cum impetravere, patiantur, nemo se iudicet quidquam debere, qui tempus accepit, cum interim hoc unum est, quod ne gratus quidem potest reddere.

Sera parsimonia in fundo est: non enim tantum minimum in imo, sed pessimum remanet.

Aegri animi ista iactatio est: primum argumentum compositae mentis existimo posse consistere et secum morari.

Nusquam est, qui ubique est.

Darin nämlich täuschen wir uns, daß wir den Tod *vor* uns sehen: ein großer Teil des Todes ist schon vorbei. Alles, was von unserem Leben hinter uns liegt, gehört ihm.

Während man es aufschiebt, geht das Leben vorüber.

Alles, Lucilius, ist uns fremd, nur die Zeit gehört uns: einzig dieses flüchtige, leicht enteilende Gut hat uns die Natur wirklich zu eigen gegeben, und doch vertreibt uns daraus jeder beliebige. Und so groß ist die Torheit der Sterblichen, daß der Empfänger ganz geringer und unbedeutender Wohltaten, die auf jeden Fall ersetzbar sind, sich diese als Schulden anrechnen läßt; niemand aber vermeint etwas schuldig zu sein, wenn er Zeit empfangen hat, obwohl doch sie das einzige ist, was nicht einmal der Dankbare zurückerstatten kann.

Zu spät kommt Sparsamkeit, wenn es bereits zur Neige geht; nicht nur bleibt zu unterst sehr wenig, es ist überdies der Bodensatz.

Deine Unrast weist auf ein krankes Gemüt. Hauptmerkmal eines geordneten Geistes ist nach meiner Ansicht Beharrungsvermögen und die Fähigkeit zum Umgang mit sich selbst.

Nirgends ist, wer überall ist.

Vitam in peregrinatione exigentibus hoc evenit, ut multa hospitia habeant, nullas amicitias.

Nihil aeque sanitatem impedit quam remediorum crebra mutatio.

Non venit vulnus ad cicatricem, in quo medicamenta temptantur.

Nihil tam utile est, ut in transitu prosit.

Soleo et in aliena castra transire, non tamquam transfuga, sed tamquam explorator.

Fidelem si putaveris, facies.

Quidam fallere docuerunt, dum timent falli.

Utrumque vitium est, et omnibus credere et nulli, sed alterum honestius dixerim vitium, alterum tutius.

Illa tumultu gaudens non est industria, sed exagitatae mentis concursatio, et haec non est quies, quae motum omnem molestiam iudicat, sed dissolutio et languor.

Wer sein Leben auf Reisen verbringt, dem geschieht es zuletzt, daß er überall Gastfreunde hat, aber nirgends einen Freund.

Nichts hindert die Genesung so sehr wie der häufige Wechsel der Heilmittel.

Keine Wunde vernarbt, an der immer neue Heilmittel ausprobiert werden.

Nichts ist so nützlich, daß es im Vorübergehen nützte.

Ich gehe öfters auch in das Lagers des Feindes – nicht als Überläufer, sondern als Kundschafter.

Wenn du ihn für treu hältst, wirst du ihn dazu machen.

Manche haben andern das Betrügen beigebracht, weil sie fürchteten, betrogen zu werden.

Beides ist falsch: allen zu trauen und keinem zu trauen. Aber der eine Fehler ist doch sozusagen der ehrenwertere, wenn auch der andere mehr Sicherheit bietet.

Jener Tätigkeitsdrang, der am Getümmel seine Freude hat, ist eigentlich keiner, sondern die Betriebsamkeit eines gehetzten Geistes. Und andererseits ist das keine Ruhe, die jede Bewegung als Zumutung empfindet, sondern Kraftlosigkeit und Mangel an Energie.

Et quiescenti agendum et agenti quiescendum est. Cum rerum natura delibera: illa dicet tibi et diem fecisse se et noctem.

Mors ad te venit: timenda erat, si tecum esse posset; necesse est aut non perveniat aut transeat.

Plerique inter mortis metum et vitae tormenta miseri fluctuantur et vivere nolunt, mori nesciunt.

Intus omnia dissimilia sint, frons populo nostra conveniat.

Magnus ille est, qui fictilibus sic utitur quemadmodum argento, nec ille minor est, qui sic argento utitur quemadmodum fictilibus.

Spem metus sequitur.

Ferae pericula, quae vident, fugiunt; cum effugere, securae sunt: nos et venturo torquemur et praeterito.

Et hoc ipsum argumentum est in melius translati animi, quod vitia sua, quae adhuc ignorabat, videt.

Quibusdam aegris gratulatio fit, cum ipsi aegros se esse senserunt.

Der Ruhende soll handeln und der Handelnde ruhen. Geh mit der Natur zu Rate: sie wird dir sagen, sie habe sowohl den Tag als auch die Nacht geschaffen.

Der Tod kommt zu dir: er wäre zu fürchten, wenn er bei dir verweilen könnte; notwendigerweise ist er aber entweder noch nicht da oder bereits vorüber.

Die meisten schwanken zwischen Todesfurcht und den Qualen des Daseins elend hin und her; sie wollen nicht leben und wissen nicht zu sterben.

Seien wir innerlich noch so anders geartet, unser Äußeres passe sich der Welt an.

Groß ist, wer tönernes Geschirr so verwendet, als wäre es Silber; nicht geringer aber auch der, welcher Silber gebraucht, als wäre es Ton.

Der Hoffnung Begleiter ist die Furcht.

Wilde Tiere fliehen vor Gefahren, die sie *sehen*; sind sie entronnen, fühlen sie sich sicher. Wir dagegen quälen uns mit Zukünftigem und Vergangenem.

Gerade das ist der Beweis einer Besserung der inneren Verfassung, daß die Seele ihre Fehler, von denen sie bis dahin nichts wußte, als solche erkennt.

Manchen Kranken gratuliert man, wenn sie selbst zur Einsicht gekommen sind, daß sie krank sind.

Nec me ulla res delectabit, licet sit eximia et salutaris, quam mihi uni sciturus sum.

Nullius boni sine socio iucunda possessio est.

Platon et Aristoteles et omnis in diversum itura sapientium turba plus ex moribus quam ex verbis Socratis traxit.

Quid tibi vitandum praecipue existimem, quaeris: turbam.

Inimica est multorum conversatio: nemo non aliquod nobis vitium aut commendat aut imprimit aut nescientibus adlinit.

Cui ergo ista didici?« Non est quod timeas, ne operam perdideris, si tibi didicisti.

Bene et ille, quisquis fuit – ambigitur enim de auctore –, cum quaereretur ab illo, quo tanta diligentia artis spectaret ad paucissimos perventurae: »Satis sunt, inquit, mihi pauci, satis est unus, satis est nullus.«

Egregie hoc Epicurus, cum uni ex consortibus studiorum suorum scriberet: »Haec, inquit, ego non multis, sed tibi: satis enim magnum alter alteri theatrum sumus.«

Nichts – sei es noch so erlesen und heilsam – kann mir Freude machen, wenn ich es für mich allein wissen soll.

Kein Besitz macht Freude, wenn der Freund fehlt.

Platon und Aristoteles und die ganze auseinanderstrebende Philosophenschar sind durch den Charakter des Sokrates stärker geprägt worden als durch seine Reden.

Du fragst, was du nach meiner Meinung vor allem zu meiden habest: die große Masse.

Der Umgang mit den Vielen ist verderblich. Keiner, der uns nicht irgendeine Untugend nahelegt oder sie uns aufprägt oder anschmiert, ohne daß wir es bemerken.

Für wen habe ich denn all das gelernt?« – Du brauchst nicht zu fürchten, deine Mühe verloren zu haben, wenn du es für dich selbst gelernt hast.

Gut entgegnete auch jener, wer immer es war – man kennt nämlich den Urheber des Ausspruches nicht genau –, auf die Frage, warum er so viel Eifer an eine Kunst wende, die doch nur von ganz wenigen gewürdigt werden könne: »Mir genügen wenige, mir genügt einer, mir genügt auch keiner.«

Ausgezeichnet Epikur, als er einem seiner Anhänger schrieb: »Dies sage ich nicht vielen, sondern dir; wir sind nämlich einer dem andern Publikum genug.«

Multi te laudant: ecquid habes, cur placeas tibi, si is es, quem intellegant multi?

Hecaton ait: »Ego tibi monstrabo amatorium sine medicamento, sine herba, sine ullius veneficae carmine: si vis amari, ama.«

Hae sunt amicitiae, quas temporarias populus appellat: qui utilitatis causa assumptus est, tamdiu placebit, quamdiu utilis fuerit.

Se contentus est sapiens ad beate vivendum, non ad vivendum.

Artifices scaenici, qui imitantur affectus, qui metum et trepidationem exprimunt, qui tristitiam repaesentant, hoc indicio imitantur verecundiam: deiciunt enim vultum, verba summittunt, figunt in terram oculos et deprimunt. Ruborem sibi exprimere non possunt.

O felicem illum, qui non praesens tantum, sed etiam cogitatus emendat! O felicem, qui sic aliquem vereri potest, ut ad memoriam quoque eius se componat atque ordinet!

Quocumque me verti, argumenta senectutis meae video. Veneram in suburbanum meum et querebar de impensis

Viele loben dich: hast du Grund, mit dir zufrieden zu sein, wenn du einer bist, den viele verstehen?

Hekaton sagt: »Ich will dir ein Liebesmittel zeigen, das ohne Zaubertränke, ohne Kräuter, ohne die Sprüche einer Giftmischerin auskommt: willst du geliebt werden, so liebe.«

So sind Freundschaften geartet, die das Volk opportunistisch nennt: Wer um seiner Nützlichkeit willen zum Freund gewählt wurde, wird so lange genehm sein, als er von Nutzen sein wird.

Der Weise genügt sich selbst zum glücklichen Leben, nicht aber zum Leben.

Schauspieler, welche Affekte nachahmen, Furcht und Zittern zum Ausdruck bringen, Trauer darstellen, ahmen die Verschämtheit mit folgenden Mitteln nach: sie senken das Haupt, sprechen mit leiser Stimme, heften den Blick unablässig auf den Boden. Das Erröten aber können sie nicht aus sich herauspressen.

Glücklich jener, der andere nicht nur, wenn er gegenwärtig ist, sondern allein schon, wenn sie an ihn denken, bessert. Glücklich aber auch, wer imstande ist, einen andern so zu verehren, daß er sich beim bloßen Gedanken an ihn zusammennimmt und innerlich in Ordnung bringt.

Wohin ich mich auch wende, sehe ich Hinweise darauf, daß ich alt bin. Ich war in meiner Villa vor der Stadt und klagte

aedificii dilabentis. Ait vilicus mihi non esse neglegentiae suae vitium, omnia se facere, sed villam veterem esse. Haec villa inter manus meas crevit: quid mihi futurum est, si tam putria sunt aetatis meae saxa?

Non potest athleta magnos spiritus ad certamen adferre, qui numquam sugillatus est.

Ne sis miser ante tempus, cum illa, quae velut imminentia expavisti, fortasse numquam ventura sint, certe non venerint.

Nescio quomodo magis vana perturbant: vera enim modum suum habent; quidquid ex incerto venit, coniecturae et paventis animi licentiae traditur. Nulli itaque tam perniciosi, tam inrevocabiles quam lymphatici metus sunt: ceteri enim sine ratione, hi sine mente sunt.

Etiam si futurum est, quid iuvat dolori suo occurrere? Satis cito dolebis, cum venerit: interim tibi meliora promitte. Quid facies lucri? Tempus.

über die Kosten, die mir das baufällige Gebäude verursache. Der Verwalter sagte mir, nicht seine Nachlässigkeit trage daran die Schuld, er tue alles – die Villa sei eben alt! Diese Villa ist unter meinen Händen entstanden. Was steht mir noch bevor, wenn schon Steine meines Alters so mürbe sind!

Ein Athlet, der nie braun und blau geschlagen worden ist, wird keinen großen Kampfgeist zum Wettkampf mitbringen.

Sei nicht unglücklich *vor* der Zeit, da ja, was du als drohendes Unheil fürchtest, vielleicht nie eintreten wird, sicher aber noch nicht eingetreten ist.

Irgendwie beunruhigt uns besonders, was sich nicht fassen läßt. Tatsachen haben bestimmte Umrisse; was aus dem Ungewissen kommt, das ist der Ahnung und der Willkür eines ängstlichen Gemütes preisgegeben. Nichts ist daher so verderblich und läßt sich so wenig unter Kontrolle halten wie die panischen Ängste. Die übrigen sind bloß unvernünftig, diese aber irr.

Auch wenn etwas Schlimmes wirklich bevorsteht – was hat es für einen Sinn, seinem Schmerz noch entgegenzugehen? Du wirst noch früh genug traurig sein, wenn er da ist; unterdessen hoffe auf Besseres. Was wirst du damit gewinnen? Zeit!

Sic gerere nos debemus, non tamquam propter corpus vivere debeamus, sed tamquam non possimus sine corpore.

Hos omnes amicos habere operosum est, satis est inimicos non habere.

Plures computant quam oderunt: nudum latro transmittit.

Quid si velis deinde, quemadmodum ambules, discere? Admitte istos, quos nova artificia docuit fames: erit qui gradus tuos temperet et buccas edentis observet et in tantum procedat, in quantum audaciam eius pantientia et credulitate produxeris.

Ne patiaris impetum animi tui delabi et refrigescere. Contine illum et constitue, ut habitus animi fiat quod est impetus.

Non est in rebus vitium, sed in ipso animo.

December est mensis: cum maxime civitas sudat. Ius luxuriae publice datum est. Ingenti apparatu sonant omnia, tamquam quidquam inter Saturnalia intersit et dies rerum

Wir sollten uns so verhalten: nicht als müßten wir für unseren Körper leben, sondern als könnten wir es nicht ohne ihn.

Diese alle zu Freunden zu haben, wäre mühsam; es genügt, sie nicht zu Feinden zu haben.

Es gibt mehr Rechner als Hasser; den Nackten läßt der Räuber laufen.

Warum nicht auch lernen, wie man spaziert? Zieh die Sorte Leute als Lehrer bei, welche der Hunger auf neue Kunstfertigkeiten gebracht hat. Es wird sich schon einer finden, der deine Schritte regelt, beim Essen deine Backen beobachtet und seine Anmaßung so weit treibt, wie deine Gutmütigkeit und Leichtgläubigkeit sie gewähren läßt.

Laß den Schwung deines Geistes nicht ermatten und erkalten. Aber zügle und disziplinere ihn, daß zur geistigen Haltung wird, was jetzt nur begeisterter Aufschwung ist.

Der Fehler liegt nicht in den Dingen, sondern in uns selbst.

Es ist Dezember*, und die ganze Stadt erscheint in Schweiß gebadet. Schwelgerei ist offiziell sanktioniert. Alles hallt wider vom Lärm ungeheurer Vorbereitungen – als ob noch ein Unterschied bestünde zwischen den Saturnalien und den Werktagen! Ja es besteht in solchem Maße keiner mehr,

* Der Monat der Saturnalien, die hier etwa unserem Karneval gleichgesetzt sind.

agendarum: adeo nihil interest, ut non videatur mihi errasse, qui dixit olim mensem Decembrem fuisse, nunc annum.

Licet enim sine luxuria agere festum diem.

Quem in ipsa re trepidare nolueris, ante rem exerceas.

Sic ignis non refert, quam magnus, sed quo incidat.

Non potest parvo res magna constare: aestima, utrum te relinquere an aliquid ex tuis malis.

»Quomodo, inquis, exibo?« Utcumque: cogita, quam multa temere pro pecunia, quam multa laboriose pro honore temptaveris; aliquid et pro otio audendum est.

Volo tibi hoc loco referre dictum Maecenatis vera in ipso eculeo elocuti: »Ipsa enim altitudo attonat summa.«

Leve aes alienum debitorem facit, grave inimicum.

Facere docet philosophia, non dicere.

daß mir jener Mann genau das Richtige zu treffen scheint, der erklärte, früher habe der Dezember einen Monat gedauert, jetzt aber sei das ganze Jahr hindurch Dezember.

Man kann ein Fest auch ohne Schwelgereien feiern.

Willst du, daß einer in einer Gefahr nicht zittere, so trainiere ihn vor der Gefahr.

Beim Feuer spielt es keine Rolle, wie groß es ist, sondern wohin es fällt.

Eine große Sache ist nicht für nichts zu haben. Schätze ab, was du lieber willst: dich selbst aufgeben oder deine Ämter.

»Wie«, sagst du, »werde ich loskommen?« – Irgendwie! Überlege dir einmal, wieviel Energie du unbedenklich für dein Vermögen, wieviel Mühe und Arbeit du für deine Karriere eingesetzt hast. Etwas von alledem darfst du jetzt auch an deinen Ruhestand wagen.

Ich will in diesem Zusammenhang einen Ausspruch des Maecenas mitteilen, eine Wahrheit, die er bei währender Folter (seiner Verpflichtungen) aussprach: »Auf der Höhe donnert es von selbst.«

Ein kleines Darlehen macht einen Schuldner, ein großes einen Feind.

Die Philosophie lehrt handeln, nicht schwatzen.

»Nescio, inquis, quomodo paupertatem iste laturus sit, si in illam inciderit.« – Nec ego, an gloriosus iste pauper contempturus sit divitias, si in illas inciderit.

Vetus proverbium est, gladiatorem in harena capere consilium.

»Quid ergo? tam magnas spes relinquam? Ab ipsa messe discedam? Nudum erit latus, incomitata lectica, atrium vacuum?« Ab his ergo inviti homines recedunt et mercedem miseriarum amant, ipsas execrantur. Sic de ambitione quomodo de amica queruntur: id est, si verum affectum eorum inspicias, non oderunt, sed litigant.

Ita est, Lucili: paucos servitus, plures servitutem tenent.

Hoc ante omnia fac, mi Lucili: disce gaudere.

Mihi crede, verum gaudium res severa est.

Pauci sunt, qui consilio se suaque disponant; ceteri eorum more, quae fluminibus innatant, non eunt, sed feruntur.

Ich weiß nicht«, sagst du, »wie dieser reiche Mann die Armut ertrüge, wenn er in sie stürzte.« – Und ich nicht, ob dieser hochgemute arme Teufel den Reichtum verschmähte, wenn er in diesen stürzte.

Ein altes Sprichwort lautet: Der Gladiator faßt seinen Entschluß in der Arena*.

»Wie denn? Auf so große Hoffnungen soll ich verzichten? Von der Ernte weglaufen? Niemand wird mehr meine Gesellschaft suchen, meine Sänfte bleibt ohne Gefolge, mein Haus ohne Besucher.« – Davon lassen also die Menschen so ungern. Sie schätzen zwar den Lohn ihres Elends, das Elend selbst aber verfluchen sie. So beklagen sie sich über ihren Ehrgeiz wie über eine Geliebte: das heißt, wenn wir ihre wahre Einstellung durchschauen: sie hassen ihn nicht, sondern zanken sich mit ihm herum.

So ist es, Lucilius: nur wenige kommen nicht von der Knechtschaft los, die meisten lassen sie nicht los.

Dies tue vor allem andern, mein Lucilius: lerne dich freuen!

Glaube mir: wahre Freude ist eine ernste Sache.

Wenige sind es, die sich und ihr Leben mit Vernunft lenken. Die übrigen gleichen Schwimmern in einem Fluß: sie bestimmen ihren Kurs nicht, sie lassen sich treiben.

* D. h. er bestimmt seine Taktik erst angesichts des Feindes.

Cotidie morimur: cotidie enim demitur aliqua pars vitae, et tunc quoque, cum crescimus, vita decrescit.

Ante omnia ille quoque vitetur affectus, qui multos occupavit, libido moriendi.

Est enim, mi Lucili, ut ad alia, sic etiam ad moriendum inconsulta animi inclinatio, qua saepe generosos atque acerrimae indolis viros corripit, saepe ignavos iacentesque: illi contemnunt vitam, hi gravantur. Quosdam subit eadem faciendi videndique satietas et vitae non odium sed fastidium, in quod prolabimur ipsa impellente philosophia, dum dicimus: »Quousque eadem? Nempe expergiscar, dormiam, esuriam, algebo, aestuabo. Nullius rei finis est, sed in orbem nexa sunt omnia, fugiunt ac sequuntur. Diem nox premit, dies noctem, aestas in autumnum desinit, autumno hiems instat, quae vere compescitur; omnia sic transeunt ut revertantur. Nihil novi facio, nihil novi video: fit aliquando et huius rei nausia.« Multi sunt, qui non acerbum iudicent vivere, sed supervacuum.

Circumspice singulos: nemo est, cui non satius sit cum quolibet esse quam secum.

Täglich sterben wir: täglich wird ein Teil unseres Lebens von uns genommen, und selbst, wenn wir noch zunehmen, nimmt unser Leben ab.

Vor allem soll jener Trieb vermieden werden, der jetzt so viele erfaßt hat: die Lust nach dem Tode.

Es gibt nämlich, mein Lucilius, wie zu anderm, so auch zum Sterben eine unbedachte Neigung, die bald edle Männer von hoher Intelligenz erfaßt, bald Träge und Entmutigte. Jene verachten das Leben, diese tragen schwer daran. Einige beschleicht auch der Überdruß, immer dasselbe zu sehen und zu tun: nicht Lebenshaß, sondern Lebensekel. Die Philosophie selbst stößt uns auf diese Bahn, auf der wir abgleiten, indem wir uns sagen: »Wie lange noch immer dasselbe? Ich werde also aufwachen, schlafen, Hunger haben, kalt haben, warm haben; nichts hat ein Ende, alles ist in einem ewigen Kreislauf verknüpft, flieht und verfolgt. Auf den Tag folgt die Nacht, auf die Nacht der Tag; der Sommer geht über in den Herbst, den Herbst vertreibt der Winter, der wiederum vom Frühling verdrängt wird. So geht alles vorüber – nur um zurückzukehren. Ich tue nichts Neues, ich sehe nichts Neues. Einmal überwältigt uns der Ekel auch daran.« Viele sind, die es nicht für bitter erachten, zu leben – aber für überflüssig.

Schau dir die einzelnen Menschen an: Keiner, für den es nicht besser wäre, mit einem beliebigen Menschen zusammenzuleben als mit sich selbst.

Clamo mihi ipse: »Numera annos tuos, et pudebit eadem velle, quae volueras puer, eadem parare.«

Animum debes mutare, non caelum.

In irritum cadit ista iactatio. Quaeris quare te fuga ista non adiuvet? Tecum fugis.

Magis quis veneris quam quo, interest.

Num quid tam turbidum fieri potest quam forum? Ibi quoque licet quiete vivere, si necesse sit. Sed si leceat disponere se, conspectum quoque et viciniam fori procul fugiam: nam ut loca gravia etiam firmissimam valetudinem temptant, ita bonae quoque menti necdum adhuc perfectae et convalescenti sunt aliqua parum salubria. Dissentio ab his, qui in fluctus medios eunt et tumultuosam probantes vitam cotidie cum difficultatibus rerum magno animo conluctantur. Sapiens feret ista, non eliget, et malet in pace esse quam in pugna: non multum prodest vitia sua proiecisse, si cum alienis rixandum est.

Ich rufe mir selber zu: »Zähle deine Jahre, und du wirst dich schämen, noch immer dasselbe zu wollen und zu treiben wie als Knabe.«

Deine Einstellung mußt du ändern, nicht deinen Aufenthaltsort.

Dieses ewig Hin und Her führt zu nichts. Du fragst, warum dir deine Flucht nichts hilft? Du nimmst dich selber mit.

Es ist wichtiger, in welcher inneren Verfassung du kommst als wohin.

Kann man sich etwas Unruhigeres vorstellen als das Forum? Aber selbst dort ist es möglich, ruhig zu leben, wenn es sein muß. Wenn ich aber wählen kann, werde ich Anblick und Nähe des Forums meiden, denn wie ungesunde Gegenden sogar die festeste Gesundheit erschüttern, so sind für einen zwar an sich gesunden, aber noch nicht genügend gefestigten und gekräftigten Charakter manche Örtlichkeiten unzuträglich. Ich bin nicht der Meinung derer, die sich mitten in die Fluten stürzen, ein unruhevolles Leben schätzen und täglich hochgemut mit den Schwierigkeiten des Daseins ringen. Der Weise wird solche Umstände zwar ertragen, aber nicht geradezu aufsuchen. Er wird lieber im Frieden leben als im Kampf. Es hat nicht viel Sinn, sich der eigenen Fehler zu entledigen und sich dafür mit fremden herumzuschlagen.

Non sum uni angulo natus, patria mea totus hic mundus est.

Sagittarius non aliquando ferire debet, sed aliquando deerrare.

Ceterum, si te videro celebrem secundis vocibus vulgi, si intrante te clamor et plausus, pantomimica ornamenta, obstrepuerint, si tota civitate te feminae puerique laudaverint, quidni ego tui niserear, cum sciam, quae via ad istum favorem ferat.

Vivere noluit, qui mori non vult.

Surdum te amantissimis tuis praesta: bono animo mala precantur.

Subsilire in caelum ex angulo licet.

Quaeris quid me maxime ex his, quae de te audio, delectet? Quod nihil audio, quod plerique ex his, quos interrogo, nesciunt quid agas.

Nicht für einen einzigen Winkel bin ich geboren – mein Vaterland ist die ganze Welt.

Ein Bogenschütze soll nicht hin und wieder treffen, sondern hin und wieder danebenschießen.

Übrigens, sollte ich dich durch die begeisterte Zustimmung des Volkes gefeiert sehen, sollten dir bei deinem Eintritt Geschrei und Applaus, wie sie sonst einen Schauspieler auszeichnen, entgegenschallen, sollten dich schließlich in der ganzen Stadt die Weiber und Knaben loben – dann könnte ich dich nur bemitleiden, da ich doch weiß, welche Straße zu diesen armseligen Gunstbezeugungen führt.

Wer nicht sterben will, hat auch das Leben nicht gewollt.

Verschließe dein Ohr gerade denen, die dich am liebsten haben: In bester Absicht flehen sie dir Unheil herbei.

Auch aus einem bescheidenen Winkel kann man in den Himmel springen.

Du fragst, was mich von allem, was ich über dich höre, am meisten freue? Daß ich eigentlich nichts höre, daß die meisten von denen, die ich frage, nicht wissen, was du treibst.

Inaequalitatem scias esse, ubi quae eminent notabilia sunt: non est admirationi una arbor, ubi in eandem altitudinem tota silva surrexit.

Quare depone istam spem, posse te summatim degustare ingenia maximorum virorum: tota tibi inspicienda sunt, tota tractanda.

Patet omnibus veritas.

Non est huius animus in recto, cuius acta discordant.

Necessaria metitur utilitas: supervacua quo redigis?

Non faciunt meliorem equum aurei freni.

Lauda in illo, quod nec eripi potest nec dari, quod proprium hominis est. Quaeris quid sit? animus et ratio in animo perfecta. Rationale enim animal est homo. Consummatur itaque bonum eius, si id implevit, cui nascitur. Quid est autem, quod ab illo haec ratio exigat? Rem facillimam, secundum naturam suam vivere.

Multorum, quia imbecilla sunt, latent vitia, non minus ausura, cum illis vires suae placuerint, quam illa, quae iam felicitas aperuit: instrumenta illis explicandae nequitiae de-

Es deutet auf mangelnde Gleichmäßigkeit, wenn glänzende Einzelzüge hervorstechen. Ein einzelner Baum ist nicht Gegenstand der Bewunderung, wenn der gesamte Wald sich zu gleicher Höhe erhebt.

Gib daher die Hoffnung auf, du könntest unsere erlauchtesten Geister summarisch und oberflächlich genießen. Du mußt das Ganze einsehen und sie als Ganzes behandeln.

Die Wahrheit ist allen zugänglich.

Wo die Handlungen nicht zusammenstimmen, ist die Seele nicht in Ordnung.

Maß des Notwendigen ist der Nutzen; wie aber willst du das Überflüssige beschränken?

Goldene Zügel machen ein Pferd nicht besser.

Lobe am Menschen nur, was ihm weder entrissen noch gegeben werden kann, was sein wahres Eigentum ist. Du fragst, was das sei? Sein Geist und die im Geist vollendete Vernunft. Denn der Mensch ist ein Vernunftwesen. Er gelangt also auf die Höhe seiner spezifischen Möglichkeiten, wenn er das erfüllt hat, wofür er geboren wird. Was ist es aber, was die Vernunft von ihm fordert? Die leichteste Sache: seiner Natur gemäß zu leben.

Bei vielen Menschen bleiben die Laster nur deshalb verborgen, weil die Machtmittel fehlen. Wären diese vorhanden, würden sich die Fehler genau so hervorwagen wie jene,

sunt. Sic tuto serpens etiam pestifera tractatur, dum riget frigore.

Meministi, cum quendam adfirmares esse in tua potestate, dixisse me volaticum esse ac levem et te non pedem eius tenere, sed pennam? Mentitus sum: pluma tenebatur, quam remisit et fugit.

Ex eo licet stupor noster appareat, quod ea sola putamus emi, pro quibus pecuniam solvimus, ea gratuita vocamus, pro quibus nos ipsos impendimus.

Quidquid inter vicina eminet, magnum est illic, ubi eminet. Nam magnitudo non habet modum certum: comparatio illam aut tollit aut deprimit.

Platonem non accepit nobilem philosophia, sed fecit.

Omnibus nobis totidem ante nos sunt.

Non vivunt, sed victuri sunt: omnia differunt.

welche der Erfolg bereits zu Tage treten ließ. Es fehlt diesen Leuten nur an den Werkzeugen, ihre Schlechtigkeit zu entfalten. So kann man die giftigste Schlange ohne weiteres berühren, solange sie vor Kälte starr ist.

Erinnerst du dich? Als du kürzlich behauptetest, ein gewisser Mensch sei ganz in deiner Gewalt, sagte ich, das sei ein leichtbeschwingter Vogel; nicht seinen Fuß hieltest du, sondern lediglich eine Feder. Damit habe ich gelogen: er war nur an einer Flaumfeder festgehalten – die hat er nun fahren lassen und ist davongeflogen.

Daraus ist unsere Dummheit besonders deutlich ersichtlich, daß wir glauben, nur das werde gekauft, was wir mit Geld bezahlen, daß wir aber unentgeltlich nennen, wofür wir uns selbst als Kaufpreis einsetzen müssen.

Was unter Benachbartem hervorragt, ist dort groß, wo es hervorragt. Denn Größe hat kein bestimmtes Maß: erst der Vergleich hebt oder drückt herab.

Die Philosophie hat Platon nicht als Adligen empfangen, sondern sie hat ihn dazu gemacht.

Wir haben alle gleich viele Ahnen.

Sie leben nicht, sie wollen nur leben – alles schieben sie auf.

Non est quod verearis: verum audies. O te hominem felicem, quod nihil habes, propter quod quisqam tibi tam longe mentiatur! Nisi quod iam etiam ubi causa sublata est, mentimur consuetudinis causa.

Non potest amor cum timore misceri.

Mus syllaba est: mus autem caseum rodit: syllaba ergo caseum rodit.« Puta nunc me istuc non posse solvere: quod mihi ex ista inscientia periculum imminet? quod incommodum? Sine dubio verendum est, ne quando in muscipulo syllabas capiam aut ne quando, si neglegentior fuero, caseum liber comedat. Nisi forte illa acutior est collectio: »Mus syllaba est: syllaba autem caseum non rodit: mus ergo caseum non rodit.« O pueriles ineptias! In hoc supercilia subduximus? In hoc barbam demisimus?

Negat Cicero, si duplicetur sibi aetas, habiturum se tempus, quo legat lyricos: eodem loco colloco dialecticos.

Virtutes discere vitia dediscere est.

Intersit aliquid inter clamorem theatri et scholae.

Du hast keinen Grund zur Befürchtung, daß ich dir die Wahrheit vorenthalte. Glücklicher Mensch, du bietest keine Veranlassung, dich über solche Distanzen hinweg anzulügen. Es sei denn, wir lügen auch dort, wo kein Grund dazu vorhanden ist, aus purer Gewohnheit.

Liebe ist unvereinbar mit Furcht.

»Maus ist eine Silbe; die Maus benagt aber den Käse; also benagt eine Silbe den Käse.« – Nimm einmal an, ich könne dieses Scheinproblem nicht lösen. Welche Gefahr droht mir aus dieser Unwissenheit? Welcher Nachteil? Ohne Zweifel steht zu befürchten, ich werde einmal in einer Mäusefalle Silben fangen oder daß einmal, wenn ich nicht gut aufpasse, ein Buch den Käse auffresse. Vielleicht ist der folgende Schluß noch scharfsinniger: Maus ist eine Silbe; eine Silbe benagt aber keinen Käse; also benagt die Maus den Käse nicht. Kindische Scherze! Dazu also furchen wir die Stirn, dazu lassen wir uns den Philosophenbart wachsen?

Cicero sagt, auch wenn sich seine Lebenszeit verdoppelte, hätte er keine Zeit, die Lyriker zu lesen; bei mir gilt dasselbe für die Dialektik.

Tugenden lernen heißt Fehler verlernen.

Zwischen dem Beifall im Theater und dem im Hörsaal soll ein Unterschied bestehen.

Hinc atque illinc philosopho manus auditor intentat et super ipsum caput mirantium turba consistit: non laudatur ille nunc, si intellegis, sed conclamatur.

Pedes dolent, articuli punctiunculas sentiunt: adhuc dissimulamus et aut talum extorsisse dicimus nos aut in exercitatione aliqua laborasse. Dubio et incipienti morbo quaeritur nomen, qui ubi vel talaria coepit intendere et utrosque distortos pedes fecit, necesse est podagram fateri. Contra evenit in his morbis, quibus afficiuntur animi: quo quis peius se habet, minus sentit.

»Quid hoc est? inquam: tam saepe mors experitur me? Faciat: ego illam diu expertus sum. »Quando?« inquis. Antequam vel nascerer. Mors est non esse. Id quale sit, iam scio: hoc erit post me, quod ante me fuit. Si quid in hac re tormenti est, necesse est et fuisse, antequam prodiremus in lucem; atqui nullam sensimus tunc vexationem. Rogo, non stultissimum dicas, si quis existimet lucernae peius esse, cum extincta est, quam antequam accenditur? Nos quoque et extinguimur et accendimur: medio illo tempore aliquid patimur, utrimque vero alta securitas est.

Von allen Seiten strecken die Hörer dem Dozenten die Hände entgegen; sein Haupt verschwindet in der Menge, die ihn umdrängt. Das ist kein Beifall, sondern eine Totenklage.

Die Füße schmerzen, die Gelenke spüren ein Stechen: noch wollen wir es nicht wahrhaben und sagen entweder, wir hätten den Knöchel verstaucht oder uns beim Turnen überanstrengt. Solange die Krankheit noch zweifelhaft und im Anfangsstadium ist, sucht man für sie einen harmlosen Namen; beginnt sie, die Knöchel zu spannen, und verkrüppelt sie beide Füße, so kommt man nicht mehr darum herum, sie Gicht zu nennen. Bei den Krankheiten, welche die Seele ergreifen, ist es gerade umgekehrt: je schlechter es einem geht, desto weniger spürt er.

»Was bedeutet das?« sagte ich mir (während eines Asthmaanfalles). »So oft stellt mich der Tod auf die Probe? Soll er es – ich habe ihn längst kennengelernt.« »Wann?« fragst du. Vor meiner Geburt. Tod ist Nichtsein. Was dieses ist, weiß ich schon lange. Nach mir wird es sein, wie es vor mir war. Wenn im Totsein eine Qual liegt, muß es diese auch gegeben haben, bevor wir ans Licht getreten sind, und doch haben wir dazumal keine Qual verspürt. Ich frage dich: Würdest du den nicht für sehr töricht halten, der glauben wollte, es gehe der Lampe schlechter, wenn sie ausgelöscht ist, als bevor sie angezündet wurde? Auch wir werden angezündet und ausgelöscht. In der Zwischenzeit verspüren wir etwas; vorher und nachher aber herrscht tiefe, sorglose Ruhe.

Direxi oculos in villam, quac aliquando Vatiae fuit. In hac ille praetorius dives, nulla alia re quam otio notus, consenuit et ob hoc unum felix habebatur. Nam quotiens aliquos amicitiae Asinii Galli, quotiens Seiani odium, deinde amor merserat – aeque enim offendisse illum quam amasse periculosum fuit –, exelamabant homines: »O Vatia, solus scis vivere.« At ille latere sciebat, non vivere: multum autem interest, utrum vita tua otiosa sit an ignava. Numquam aliter hanc villam Vatia vivo praeteribam, quam ut dicerem: Vatia hic situs est.

Non continuo sibi vivit, qui nemini.

Magis mihi videtur vox avocare quam crepitus: illa enim animum abducit, hic tantum aures implet ac verberat.

Mein Blick fiel auf die Villa, die einst dem Vatia gehörte. In diesem Haus also war jener reiche ehemalige Prätor – durch nichts berühmt als durch seinen Müßiggang – alt geworden, und aus diesem einzigen Grunde wurde er für glücklich gehalten. Denn sooft die Freundschaft des Asinius Gallus oder der Haß des Sejan* – später aber seine Zuneigung – wieder einen Menschen ins Verderben gestürzt hatte (es war nämlich gleicherweise gefährlich, ihn zu beleidigen wie zu lieben), riefen die Menschen aus: »Vatia, du allein verstehst zu leben!« Aber in Wirklichkeit verstand jener lediglich, sich verborgen zu halten, nicht eigentlich zu leben. Es ist doch ein gewaltiger Unterschied, ob dein Leben der Muße oder der Trägheit gehört. Nie ging ich zu Lebzeiten Vatias an seiner Villa vorbei, ohne zu sagen: Hier liegt Vatia begraben.

Es lebt einer nicht in jedem Fall für sich selbst, wenn er für niemand sonst lebt.

Mir scheint, die menschliche Stimme lenkt mich mehr ab als mechanischer Lärm: die Stimme zieht die Seele auf Abwege, der Lärm füllt und peitscht bloß die Ohren.

* Asinius Gallus, aus persönlichen und politischen Gründen dem Tiberius verhaßt, wurde 30 n. Chr. auf Betreiben des Kaisers zum Tode verurteilt. Sejan, viele Jahre lang hochgestellter Vertrauter des Tiberius, wurde auf der Höhe seiner Macht einer Verschwörung verdächtigt und hingerichtet.

Iucundum est secum esse quam diutissime, cum quis se dignum, quo frueretur, effecit.

Multi sunt, qui ad id, quod non proposuerant scribere, alicuius verbi placentis decore vocentur.

Illud praecipue impedit, quod cito nobis placemus.

Vivit is, qui multis usui est, vivit is, qui se utitur; qui vero latitant et torpent, sic in domo sunt, quomodo in conditivo. Horum licet in limine ipso nomen marmori inscribas: mortem suam antecesserunt.

Qui imperia libens excipit, partem acerbissimam servitutis effugit.

Multum egerunt, qui ante nos fuerunt, sed non peregerunt.

Hesternum diem divisi cum mala valetudine: antemeridianum illa sibi vindicavit, postmeridiano mihi cessit.

Nemo patriam quia magna est amat, sed quia sua.

Es ist ganz angenehm, mit sich selbst so lange wie möglich zusammenzuleben, wenn man sich wert gemacht hat, ein Objekt solchen Selbstgenusses zu sein.

Es gibt viele, die sich durch den Glanz eines Wortes verleiten lassen, etwas anderes zu schreiben, als sie sich vorgenommen hatten.

Das ist das Haupthindernis: daß wir zu schnell mit uns zufrieden sind.

Der lebt, der vielen nützlich ist; der lebt, der seine Fähigkeiten für sich selbst nützt. Wer sich aber von allem fernhält und in starrer Ruhe dahinlebt, der ist in seinem Hause wie in einem Grabe. An der Schwelle solcher Leute sollte man ihren Namen auf einer marmornen Gedenktafel anbringen: sie sind ihrem eigenen Tod zuvorgekommen.

Wer Befehle gern ausführt, entrinnt dem bittersten Teil des Dienens.

Vieles haben die geleistet, die vor uns gewesen sind; aber sie haben es nicht zu Ende geleistet.

Den gestrigen Tag teilte ich mit einer Unpäßlichkeit: den Vormittag beanspruchte sie für sich, am Nachmittag machte sie Platz für mich.

Niemand liebt sein Vaterland, weil es groß ist, sondern weil es das seine ist.

Iam aetas mea contenta est suo frigore.

Animalia quaedam ne inveniri possint, vestigia sua circa ipsum cubile confundunt: idem tibi faciendum est, alioquin non deerunt qui persequantur.

Quid in otio facio? Ulcus neum curo.

Mutare te loca et aliunde alio transilire nolo, primum quia tam frequens migratio instabilis animi est: coalescere otio non potest, nisi desit circumspicere et errare. Ut animum possis continere, primum corporis tui fugam siste. Deinde plurimum remedia continuata proficiunt: interrumpenda non est quies et vitae prioris oblivio.

Cum adveheretur nuper inter custodias quidam ad matutinum spectaculum missus, tamquam somno premente nutaret, caput usque eo demisit, donec radiis, insereret, et tamdiu se in sedili suo tenuit, donec cervicem circumactu rotae frangeret: eodem vehiculo, quo ad poenam ferebatur, effugit.

Ich wage mich nicht mehr ins kalte Wasser: Mein Alter hat bereits an der eigenen Kälte genug.

Manche Tiere verwischen um ihren Bau herum ihre Spuren, um die Entdeckung zu verunmöglichen; dasselbe mußt du tun, sonst wird es nicht an Leuten fehlen, die dir zusetzen.

Was tue ich in der Zurückgezogenheit? Ich pflege meine Wunden.

Es gefällt mir nicht, daß du ständig den Ort wechselst und von einem Platz zum andern übergehst. Erstens ist ein so häufiges Herumwandern das Kennzeichen eines unsteten Geistes. In Ruhe Wurzeln schlagen kann nur, wer aufhört, sich ständig umzuschauen und herumzuziehen. Willst du deine Seele in den Griff bekommen, so mach zuerst Schluß mit dieser äußeren Unrast. Überdies nützen Heilmittel am meisten, wenn man sie ständig nimmt. Daher sollte die Ruhe und das Vergessen des früheren Lebens nicht unterbrochen werden.

Als neulich unter Bewachung ein Verurteilter, der für die Vormittagskämpfe bestimmt war, herangefahren wurde, ließ er, als ob er einnicke, seinen Kopf so weit hängen, bis er in die Speichen des Wagens geriet, und hielt sich so lange auf seinem Sitz, bis die Umdrehung des Rades ihm das Genick brach. Mit Hilfe desselben Fahrzeuges, das ihn zur Hinrichtung führen sollte, fand er den Weg in die Freiheit.

Fies similis illis, qui invenerunt ista, non qui docent et id agunt, ut philosophia potius difficilis quam magna videatur.

Non putant enim fieri, quidquid facere non possunt: ex infirmitate sua ferunt de virtute sententiam.

Magno animo de rebus magnis iudicandum est: alioquin videbitur illarum vitium esse, quod nostrum est.

Magna pars est profectus velle proficere.

Habet hoc vitium omnis ambitio: non respicit.

Non quaerit aeger medicum eloquentem.

Ut breviter finiam, morbus est iudicium in pravo pertinax.

Pudet dicere: honesta colimus, quantum vacat.

Tam imbecillum est, quod nocet quam cui nocetur.

Tamdiu discendum est, quemadmodum vivas, quamdiu vivas.

Du sollst denen ähnlich werden, die all dies gefunden haben, nicht denen, die mit ihrem Dozieren darauf aus sind, die Philosophie mehr schwierig als groß erscheinen zu lassen.

Sie halten all das für unmöglich, wozu sie selbst nicht imstande sind. Aus ihrer eigenen Schwäche leiten sie ihre Ansicht über das Leistungsvermögen ab.

Großes muß groß beurteilt werden, sonst wird es scheinen, es sei ein Fehler des Gegenstandes, was in Wirklichkeit unser eigener ist.

Ein großer Teil des Fortschreitens besteht darin, daß wir fortschreiten *wollen*.

Diesen Fehler hat jeder Ehrgeiz: er schaut nicht zurück.

Ein Kranker braucht keinen beredten Arzt.

Um es kurz zu definieren: Krankheit der Seele ist ein Urteil, das sich auf das Verkehrte versteift.

Ich schäme mich, es auszusprechen: wir pflegen das Gutsein als Freizeitbeschäftigung.

Was Schaden anrichtet, ist ebenso schwach wie das, was den Schaden erleidet.

Wie man leben sollte, muß man so lange lernen, als man lebt.

Id in quoque optimum esse debet, cui nascitur, quo censetur.

Ergo si omnis res, cum bonum suum perfecit, laudabilis est et ad finem naturae suae pervenit, homini autem suum bonum ratio est: si hanc perfecit, laudabilis est et finem naturae suae tetigit.

Nonne tibi videtur stultissimus omnium, qui flevit, quod ante annos mille non vixerat? aeque stultus est, qui flet, quod post annos mille non vivet.

Quid sapiat ostreum, quid mullus, optime nosti: nihil tibi luxuria tua in futuros annos intactum reservavit: atqui haec sunt, a quibus invitus divelleris.

Vivere vis: scis enim?

Quomodo fabula, sic vita von quam diu, sed quam bene acta sit, refert.

In jedem Lebewesen muß die Fähigkeit am höchsten entwickelt werden, für die es geboren und nach der es beurteilt wird.

Folglich, wenn jedes Ding dann zu loben und dann ans Ziel seiner natürlichen Bestimmung gelangt ist, wenn es das ihm eigentümliche Gute zur Vollendung gebracht hat, und wenn ferner das dem Menschen eigentümliche Gute die Vernunft ist, so wird dieser dann zu loben sein und das Ziel seiner natürlichen Bestimmung erreicht haben, wenn er seine Vernunft vollkommen ausgebildet hat.

Erscheint dir nicht als der größte aller Narren, wer darüber weint, daß er nicht schon vor tausend Jahren gelebt hat? Gleich töricht ist, wer darüber weint, daß er in tausend Jahren nicht mehr leben wird.

Wie Austern und Meerbarben schmecken, weißt du nun genau. Deine Schwelgerei hat deinen künftigen Jahren nichts übriggelassen. Und doch sind es diese Dinge, von denen du dich so ungern losreißt.

Leben willst du – verstehst du dich denn darauf?

Wie bei einem Theaterstück kommt es beim Leben nicht darauf an, wie lange es dauert, sondern wie gut gespielt wird.

Vexari te destillationibus crebris ac febriculis, quae longas destillationes et in consuetudinem adductas sequuntur, eo molestius mihi est, quia expertus sum hoc genus valetudinis, quod inter initia contempsi: poterat adhuc adulescentia iniurias ferre et se adversus morbos contumaciter gerere. Deinde succubui et eo perductus sum, ut ipse destillarem ad summam maciem deductus. Saepe impetum cepi abrumpendae vitae: patris me indulgentissimi senectus retinuit. Cogitavi enim non quam fortiter ego mori possem, sed quam ille fortiter desiderare non posset. Itaque imperavi mihi, ut viverem: aliquando enim et vivere fortiter facere est. Quae mihi tunc fuerint solacio dicam, si prius hoc dixero, haec ipsa, quibus adquiescebam, medicinae vim habuisse. In remedium cedunt honesta solacia, et quidquid animum erexit, etiam corpori prodest.

Cum ad summum perveneris, paria sunt.

Gloria umbra virtutis est.

Paucis natus est, qui populum aetatis suae cogitat.

Est tanti, ut gratum invenias, experiri et ingratos.

Daß du von häufigem Schnupfen geplagt wirst und von Fieberanfällen, die als Folge verschleppter, chronisch gewordner Erkältungen auftreten, tut mir um so mehr leid, als ich diese Art von Erkrankung kenne. Anfangs achtete ich nicht darauf; noch war meine Jugend stark genug, Beschwerden zu ertragen und den Krankheiten gegenüber eine Haltung gleichgültigen Trotzes einzunehmen. Später unterlag ich und kam so weit, daß ich sozusagen nur noch ein Schnupfen war und völlig abgemagert. Oft nahm ich einen Anlauf, meinem Leben ein Ende zu machen; aber der Gedanke an das hohe Alter meines überaus gütigen Vaters hielt mich zurück. Ich überlegte, daß ich zwar die Kräfte hätte, mir selbst den Tod zu geben, daß es aber jenem an Kraft fehlen würde, meinen Verlust zu ertragen. So befahl ich mir weiterzuleben. Mitunter nämlich ist auch das bloße Weiterleben eine mutige Tat. Was damals mein Trost war, werde ich dir sagen. Zuerst aber dies: Gerade diese Überlegungen, durch die ich innerlich zur Ruhe kam, hatten die Kraft einer Medizin. Ein Trost, der sich moralisch verantworten läßt, wirkt wie ein Heilmittel, und was die Seele aufrichtet, nützt auch dem Körper.

Bist du erst auf den Gipfel gelangt, sind alle gleich.

Ruhm ist der Schatten der Vortrefflichkeit.

Für wenige ist geboren, wer nur an seine Zeitgenossen denkt.

Um einen Dankbaren zu finden, lohnt es sich, es auch mit den Undankbaren zu versuchen.

Exspecto epistulas tuas, quibus mihi indices, circuitus Siciliae totius quid tibi novi ostenderit, et omnia de ipsa Charybdi certiora. Nam Scyllam saxum esse et quidem non terribile navigantibus optime scio: Charybdis an respondeat fabulis, perscribi mihi desidero et, si forte observaveris – dignum est autem quod observes –, fac nos certiores, utrum uno tantum vento agatur in vertices an omnis tempestas aeque mare illud contorqueat, et an verum sit, quidquid illo freti turbine abreptum est, per multa milia trahi conditum et circa Tauromenitanum litus emergere.

Si haec mihi perscripseris, tune tibi audebo mandare, ut in honorem meum Aetnam quoque ascendas, quem consumi et sensim subsidere ex hoc colligunt quidam, quod aliquando longius navigantibus solebat ostendi. Potest hoc accidere, non quia montis altitudo descendit, sed quia ignis evanuit et minus vehemens ac largus effertur, ob eandem causam fumo quoque per diem segniore. Neutrum autem incredibile est, nec montem, qui devoretur cotidie, minui, nec manere eundem, quia non ignis ipsum exest, sed in aliqua inferna valle conceptus exaestuat et aliis pascitur, in ipso monte non alimentum habet, sed viam.

Ich erwarte einen Brief von dir und hoffe, du teilst mir darin mit, was du bei deiner Fahrt um Sizilien herum Neues erlebt hast. Vor allem aber möchte ich gern Genaueres über die Charybdis erfahren. Denn daß die Skylla nur ein Felsen ist und für die Schiffe völlig harmlos, weiß ich natürlich; ob aber der Strudel der Charybdis den Fabelgeschichten entspricht, möchte ich gern erfahren. Wenn du bestimmte Beobachtungen machst – die Sache verdient wirklich deine Aufmerksamkeit –, so schreib mir doch bitte, ob nur ein bestimmter Wind den Wirbel erregt oder ob jedes Wetter gleicherweise dort das Meer im Kreise dreht; ferner ob es stimmt, daß alles, was von jenem Strudel in der Meerenge mitgerissen wird, viele Meilen weit unter der Wasseroberfläche mitgezogen wird und erst an der Küste von Taormina wieder zum Vorschein kommt.

Hast du mir das geschrieben, so möchte ich dich auch noch bitten, zu meinen Ehren den Ätna zu besteigen, von dem einzelne Autoren behaupten, er verzehre sich und senke sich allmählich; sie schließen dies daraus, daß er sich früher den Seeleuten auf größere Distanz zu zeigen pflegte. Ursache dafür könnte sein, nicht daß die Höhe des Berges abnimmt, sondern daß das Feuer (in seinem Innern) schwächer geworden ist und daher die Flamme weniger heftig und reichlich herausgeschleudert wird und daß infolgedessen auch die Rauchentwicklung bei Tage weniger kräftig (und so weniger weit sichtbar) ist. Beide Erklärungen leuchten irgendwie ein: sowohl daß ein Berg, der täglich verzehrt wird, kleiner wird, als auch daß er gleich groß bleibt, weil ja das Feuer nicht ihn frißt, sondern, nachdem es in irgendeiner unterirdischen Höhle empfangen wurde, hervorkocht und sich von anderem Material nährt, den

Mira in quibusdam rebus verborum proprietas est et consuetudo sermonis antiqui quaedam efficacissimis notis signat.

Errat enim, si quis beneficium accipit libentius quam reddit.

Nemo non, cum alteri prodest, sibi profuit.

Gratus sum, non quia expedit, sed quia iuvat.

Quemadmodum Attalus noster dicere solebat: »Malitia ipsa maximam partem veneni sui bibit.«

Nihil habent ista magnificum, quo mentes in se nostras trahant, praeter hoc, quod mirari illa consuevimus. Non enim, quia concupiscenda sunt, laudantur, sed concupiscuntur, quia laudata sunt.

Nullum est odium perniciosius quam e beneficii violati pudore.

Berg selbst also nicht als Nahrung, sondern nur als Durchgang benützt.

Wunderbar ist manchmal die Treffsicherheit der Sprache, und alter Sprachgebrauch bezeichnet manches mit außerordentlich wirkungsvollen Prägungen.

Der ist im Irrtum, der lieber eine Wohltat empfängt als erweist.

Keiner, der einem andern hilft, nützt nicht zugleich sich selbst.

Dankbarkeit empfinde ich nicht, weil es mir nützt, sondern weil ich gerne dankbar bin.

Wie unser Attalus zu sagen pflegte: »Die Bosheit trinkt den größten Teil ihres Giftes selbst.«

All das hat nichts Großartiges an sich, wodurch es uns anziehen könnte, außer dem einen, daß wir gewohnt sind, es zu bewundern. Diese Dinge werden nicht gelobt, weil sie wünschenswert sind, sondern gewünscht, weil man sie lobt.

Kein Haß ist mörderischer, als der aus Scham über verletzte Dankespflicht entspringt.

Mors inter illa est, quae mala quidem non sunt, tamen habent mali speciem: sui amor est et permanendi conservandique se insita voluntas atque aspernatio dissolutionis, quia videtur multa nobis bona eripere et nos ex hac, cui adsuevimus, rerum copia educere. Illa quoque res morti nos alienat, quod haec iam novimus, illa, ad quae transituri sumus, nescimus, qualia sint, et horremus ignota. Naturalis praeterea tenebrarum metus est, in quas adductura mors creditur. Itaque etiam si indifferens mors est, non tamen ea est, quae facile neglegi possit.

Multorum ingeniis certatum est ad augendam eius (sc. mortis) infamiam.

Singulos dies tibi meos et quidem totos indicari iubes: bene de me iudicas, si nihil esse in illis putas, quod abscondam.

Illud vero cuius dementiae est, credere quarum rerum extra nostrum arbitrium posita principia sunt, erarum nostri esse arbitrii terminos?

Ille, quem tu minus beatum vocas, non est beatus: non potest hoc nomen imminui.

Der Tod zählt zu den Erscheinungen, die zwar kein Übel sind, aber so aussehen, als wären sie eines. Tief eingewurzelt ist in uns die Liebe zu uns selbst, der Wille, weiterzudauern und uns zu bewahren, sowie der Widerwille gegen die Auflösung, weil diese uns viel Gutes zu entreißen scheint und uns das freie Verfügen über die Dinge, das uns zur Gewohnheit geworden ist, nimmt. Auch entfremdet uns dem Tod der Umstand, daß wir das Diesseits bereits kennen, die Eigenschaften des Jenseits aber, wohin wir gehen sollen, nicht. Vor dem Unbekannten aber schaudert es uns. Überdies gibt es eine natürliche Angst vor dem Dunkel, in das uns, wie man glaubt, der Tod führen wird. Daher ist der Tod, auch wenn er zu den indifferenten Erscheinungen gehört, doch nicht so geartet, daß man ihn mit Stillschweigen übergehen könnte.

Viele erlauchte Geister haben darin gewetteifert, den schlechten Ruf des Todes zu vermehren.

Du verlangst, daß ich dir über jeden einzelnen meiner Tage, und zwar vollständig, Bericht erstatte. Du hast wirklich eine gute Meinung von mir, wenn du glaubst, es gebe darin nichts, was ich verbergen möchte.

Was für ein Wahnsinn ist es doch, zu glauben, wir hätten bei Erscheinungen, deren Anfang nicht von uns bestimmt wird, das Ende in der Hand.

Jener, den du weniger glücklich nennst, ist überhaupt nicht glücklich: das Wort »glücklich« erträgt keine Einschränkung.

Quae gloria est capere multum? Cum penes te palma fuerit et propinationes tuas strati somno ac vomitantes recusaverint, cum superstes toti convivio fueris, cum omnes viceris virtute magnifica et nemo vini tam capax fuerit, vinceris a dolio.

Sic sapiens imperturbatus dicitur, quomodo apyrina dicuntur, non quibus nulla inest duritia granorum, sed quibus minor.

Duas personas habet gubernator: alteram communem cum omnibus qui eandem conscenderunt navem, quaque ipse vector est; alteram propriam, gubernator est. Tempestas tamquam vectori nocet, non tamquam gubernatori.

Utrum illum pecunia impurum effecit an ipse pecuniam inspurcavit? quae sic in quosdam homines quomodo denarius in cloacam cadit.

Fiscus tanti est, quantum habet: immo in accessionem eius venit quod habet. Quis pleno sacculo ullum pretium ponit nisi quod pecuniae in eo conditae numerus effecit? Idem evenit magnorum dominis patrimoniorum: accessiones illorum et appendices sunt.

Was für ein Ruhm liegt in einer großen Trinkfestigkeit? Auch wenn du die Palme erringst und deine vom Schlaf hingestreckten und sich erbrechenden Trinkkumpane jedes weitere Zutrinken zurückweisen, selbst wenn du der einzige Überlebende des ganzen Gelages bist, alle durch deine großartige Leistungsfähigkeit übertroffen hast und niemand sich als so trinkfest erwies wie du, wirst du zuletzt doch besiegt: vom Faß.

Der Weise wird in dem Sinne unabhängig von äußeren Einflüssen genannt, wie bestimmte Granatäpfel »kernlose« heißen: nicht weil sie gar keine Kerne haben, sondern weil die Kerne weniger hart sind.

Der Steuermann vereinigt zwei Rollen in sich. Die eine hat er mit allen, die dasselbe Schiff bestiegen haben, gemein: er ist selbst auch Passagier. Die Rolle des Steuermanns dagegen kommt ihm allein zu. Der Sturm schadet nur dem Passagier in ihm, nicht aber dem Steuermann.

Wer hat eigentlich wen schmutzig gemacht, das Geld ihn oder er das Geld? Fällt es doch gewissen Menschen zu wie ein Denar in eine Kloake.

Eine Kasse ist soviel wert wie ihr Inhalt; oder besser: sie ist nur Zugabe zu dem, was sie enthält. Sieht jemand in einem gefüllten Geldbeutel einen anderen Wert als den der darin enthaltenen Geldsumme? Dasselbe gilt von dem Besitzer eines großen Erbes: er selbst ist gleichsam nur dessen Zugabe und Anhängsel.

Cum paucissimis servis, quos unum capere vehiculum potuit, sine ullis rebus, nisi quae corpore nostro continebantur, ego et Maximus meus biduum iam beatissimum agimus. Culcita in terra iacet, ego in culcita: ex duabus paenulis altera stragulum, altera opertorium facta est. De prandio nihil detrahi potuit: paratum fuit non magis hora, nusquam sine caricis, numquam sine pugillaribus: illae, si panem habeo, pro pulmentario sunt, si non habeo, pro pane. Cotidie mihi annum novum faciunt, quem ego faustum et felicem reddo bonis cogitationibus et animi magnitudine, qui numquam maior est, quam ubi aliena seposuit et fecit sibi pacem nihil timendo, fecit sibi divitias nihil concupiscendo.

Vehiculum, in quod impositus sum, rusticum est; mulae vivere se ambulando testantur; mulio excalceatus, non propter aestatem. Vix a me obtineo, ut hoc vehiculum velim videri meum: durat adhuc perversa recti verecundia, et quotiens in aliquem comitatum lautiorem incidimus, invitus erubesco, quod argumentum est ista, quae probo, quae laudo, nondum habere certam sedem et immobilem. Qui sordido vehiculo erubescit, pretioso gloriabitur. Parum adhuc profeci: nondum audeo frugalitatem palam ferre; etiamnunc curo opiniones viatorum.

Mit ganz wenigen Sklaven, so viele das eine Fahrzeug aufnehmen konnte, ohne alles Gepäck außer dem, was wir bei uns tragen, führen Maximus und ich schon seit zwei Tagen das glücklichste Leben. Auf dem Boden liegt eine Matratze, auf der Matratze ich. Von zwei Reisemänteln dient der eine als Unterlage, der andere als Decke. Das Essen ist sehr einfach; in einer knappen Stunde ist es zubereitet – nie ohne getrocknete Feigen. Das Schreibtäfelchen liegt immer daneben bereit. Wenn ich Brot habe, dienen die Feigen als Zukost, wenn ich keines habe, als Brot. Durch sie wird mir jeder Tag zum Neujahrstag*, den ich zu einem gesegneten und glücklichen mache durch gute Gedanken und Überlegungen, die mir die Seele erheben. Nie empfindet der Geist die großen Möglichkeiten, die in ihm liegen, stärker, als wenn er alles abgestreift hat, was ihm fremd ist, und er sich den inneren Frieden gewinnt, indem er nichts mehr fürchtet, und Reichtum, indem er nichts mehr wünscht.

Das Fahrzeug, das ich benütze, ist ländlich-einfach. Durch ihren Trott beweisen die Maultiere, daß sie doch auch leben. Der Treiber läuft barfuß, und dies nicht, weil wir Sommer haben. Und doch kostet es mich eine gewisse Überwindung, vor anderen dazu zu stehen, daß dies mein Wagen ist. Noch lebt in mir ein Rest falscher Scheu, das Richtige zu tun, und sooft wir einer vornehmeren Gesellschaft begegnen, erröte ich unwillkürlich; das beweist, daß die Grundsätze, die ich vertrete und rühme, noch lange nicht genügend gefestigt sind. Wer wegen eines geringen Fahrzeugs errötet, wird umgekehrt auf ein kostspieliges stolz sein. Noch bin ich nicht weit genug fortgeschritten,

* An dem sich die Römer mit Feigen beschenkten.

Quaeris, Ulixes ubi erraverit, potius quam efficias, ne nos semper erremus? Non vacat audire, utrum inter Italiam et Siciliam iactatus sit an extra notum nobis orbem – neque enim potuit in tam angusto error esse tam longus.

Fides sanctissimum humani pectoris bonum est.

Quid est autem, quare existimem non futurum sapientem eum, qui litteras nescit, cum sapientia non sit in litteris?

Quid? Quod ista liberalium artium consectatio molestos, verbosos, intempestivos, sibi placentes facit et ideo non discentes necessaria, quia supervacua didicerunt. Quattuor milia librorum Didymus grammaticus scripsit: misererer, si tam multa supervacua legisset. In his libris de patria Homeri quaeritur, in his de Aeneae matre vera, in his libidinosior Anacreon an ebriosior vixerit, in his an Sappho publica fuerit, et alia, quae erant dediscenda, si scires: i nunc et longam esse vitam nega.

noch habe ich Hemmungen, die Einfachheit meiner Lebensführung offen zu zeigen. Immer noch kümmere ich mich um die Meinung derer, die mir begegnen.

Hältst du es für wichtiger, danach zu forschen, wo Odysseus umherirrte, als zu erreichen, daß wir selbst nicht immer in die Irre gehen? Mir fehlt die Zeit, anzuhören, ob er zwischen Italien und Sizilien umhergeworfen wurde oder außerhalb des uns bekannten Erdkreises – denn in so eng begrenztem Raum ist eine so lange Irrfahrt undenkbar.

Die Treue ist das heiligste Gut des menschlichen Herzens.

Warum sollte ich es nicht für möglich halten, daß einer weise werde, der die Buchstaben nicht kennt? Liegt doch die Weisheit nicht im Buchstaben.

Wie? Macht uns nicht dieses übereifrige Streben nach »Bildung« lästig, wortreich, taktlos und selbstgefällig? Wir kommen nicht dazu, das Notwendige zu lernen, weil wir das Überflüssige gelernt haben. Viertausend Bücher hat der Grammatiker Didymos verfaßt*. Er täte mir schon leid, wenn er soviel Überflüssiges nur gelesen hätte. In diesen Büchern geht es um das Vaterland Homers, um die wahre Mutter des Aeneas, ferner um die Frage, ob Anakreon ein größerer Wollüstling oder Säufer gewesen sei, ob Sappho ein Freudenmädchen war und noch um viel anderes, das

* Der dafür die Beinamen »Chalkenteros«, »der mit dem ehernen Hintern«, und »Bibliolathas«, »Büchervergesser«, erhielt (weil er nicht mehr wußte, was alles er schon geschrieben hatte).

Istis dicentibus: »Quo usque eadem?« responde: »Quo usque eadem peccabitis?«

Tunc incipit medicina proficere, ubi in corpore alienato dolorem tactus expressit.

Dicam etiam invitis profutura.

Quid prosunt multa cubicula? in uno iacetis.

Haec aliis dic, ut, dum dicis, audias ipse.

Omnes istae artes quibus aut circitatur civitas aut strepit, corpori negotium gerunt, cui omnia olim tamquam servo praestabantur, nunc tamquam domino parantur.

Incredibile est, mi Lucili, quam facile etiam magnos viros dulcedo orationis abducat a vero.

Eligit aliquid novi casus per quod velut oblitis vires suas ingerat.

man verlernen müßte, wenn man es wüßte. Geh nun und behaupte, das Leben sei nicht lang!

Wenn jene sagen: »Wie lange noch immer die gleichen Vorwürfe?«, so antworte: »Wie lange macht ihr immer wieder die gleichen Fehler?«

Dann erst beginnt eine Medizin zu wirken, wenn in einem gefühllosen Körper die Berührung eine Schmerzempfindung hervorruft.

Auch wenn du nicht willst, werde ich sagen, was dir nützt.

Wozu die vielen Schlafzimmer? Ihr könnt ja doch nur in einem schlafen.

Sage dies andern, damit du, während du sprichst, es selber hörst.

Alle Kunstfertigkeiten, womit man in der Stadt herumhausiert und Lärm macht, arbeiten auf Rechnung des Körpers; früher wurde diesem alles wie einem Sklaven geboten, heute wie einem Herrn.

Es ist unglaublich, mein Lucilius, wie leicht die Lockung des Schönredens selbst bedeutende Männer von der Wahrheit wegführt.

Immer neue Wege findet das Schicksal, um uns, als hätten wir es vergessen, seine Macht fühlen zu lassen.

Natura enim homo mundum et elegans animal est.

Rectius vivat oportet, ut beatius vivat.

Nemo improbe eo conatur ascendere unde descenderat. Quid est autem cur non existimes in eo divini aliquid existere qui dei pars est? Totum hoc quo continemur, et unum est et deus: et socii sumus eius et membra. Capax est noster animus, perfertur illo si vitia non deprimant. Quemadmodum corporum nostrorum habitus erigitur et spectat in caelum, ita animus cui in quantum vult licet porrigi, in hoc a natura rerum formatus est ut paria dis vellet: et si utatur suis viribus ac se in spatium suum extendat, non aliena via ad summa nititur. Magnus erat labor ire in caelum: redit.

Cum opibus suis divites superne despiciat quorum nemo tam suo laetus est quam tristis alieno.

Longa est vita, si plena est.

Seiner Natur nach ist der Mensch nämlich ein sauberes und elegantes Lebewesen.

Du mußt richtiger leben, um glücklicher zu leben.

Keiner tut unrecht daran, wenn er versucht, wieder zu der Höhe emporzusteigen, von der er (als seiner ursprünglichen Heimat) herabgestiegen ist. Warum sollte man bezweifeln, daß in dem Wesen, das selbst ein Teil Gottes ist, etwas Göttliches lebt? Das Weltall, das uns umfängt, ist eine Einheit und ist Gott. Wir sind sowohl seine Gefährten als auch seine Glieder. Raum genug bietet unsere Seele für das Göttliche und wird zu ihm emporgetragen, wenn die Laster sie nicht niederdrücken. Wie die Haltung unseres Körpers aufrecht ist und unseren Blick zum Himmel lenkt, so ist unsere Seele – der es gegeben ist, sich so hoch, wie sie nur immer will, aufzuschwingen – von der Natur dazu geschaffen, Göttergleiches zu wollen. Wenn sie Gebrauch von ihren Kräften macht und sich nach Maßgabe ihrer Möglichkeiten dehnt, strebt sie dem Gipfel entgegen auf einem Wege, der ihr wohlbekannt ist. Groß ist die Mühsal, den Himmel zu ersteigen – doch für die Seele ist es eine Heimkehr.

Der Weise darf auf die Reichen samt ihren Schätzen verächtlich hinabblicken: Keiner von ihnen empfindet so viel Freude an dem, was er besitzt, wie Ärger über das, was andern gehört.

Lang ist ein Leben, wenn es erfüllt ist.

Quid illum octoginta anni iuvant per inertiam exacti? non vixit iste, sed in vita moratus est, nec sero mortuus est, sed diu.

Quamdiu sim, alienum est: quamdiu ero vere ut sim, meum est.

Si ludum litterarium intraveris, scies ista quae ingenti supercilio philosophi iactant, in puerili esse praescripto.

Si quis furioso praecepta det, quomodo loqui debeat, quomodo procedere, quomodo in publico se gerere, quomodo in privato, erit ipso quem monebit, insanior.

Aperta quoque apertiora fieri solent.

Numquid rationem exiges, cum tibi aliquis hos dixerit versus:

Iniuriarum remedium est oblivio.
Audentes fortuna iuvat.
Piger ipse sibi obstat.

Advocatum ista non quaerunt: affectus ipsos tangunt et natura vim suam exercente proficiunt.

Was hat dieser Mann von seinen achtzig Jahren, die er in Trägheit hingebracht hat? Ein solcher Mensch hat nicht gelebt, sondern sich nur im Leben aufgehalten, und er ist nicht spät gestorben, sondern lange.

Wie lange ich lebe, liegt nicht in meiner Macht; daß ich aber, solange ich lebe, wirklich lebe, das hängt von mir ab.

Wenn du eine Elementarschule betrittst, wirst du sehen, daß Probleme, welche die Philosophen mit gewaltigem Stirnrunzeln erörtern, bereits im ABC-Buch stehen.

Wenn einer einem Wahnsinnigen Vorschriften macht, wie er zu sprechen habe, wie zu gehen, wie er sich auf der Straße, wie zu Hause aufführen solle, ist er verrückter als der, den er ermahnt.

Offensichtliches kann immer noch offensichtlicher werden.

Wirst du etwa eine Begründung verlangen, wenn einer dir die folgenden Sprichwörter vorträgt:

Das beste Heilmittel für Unrecht ist das Vergessen.
Dem Mutigen hilft das Glück.
Der Faule ist sich selber das größte Hindernis.

Solche Sprüche benötigen keinen Anwalt; sie treffen unmittelbar unser Gefühl und tun ihre Wirkung, weil die Natur in ihnen ihre Kraft zeigt.

Habemus interdum compositum animum, sed residem et inexercitatum ad inveniendam officiorum viam, quam admonitio demonstrat.

Est aliquid quod ex magno viro vel tacente proficias.

Duae res plurimum roboris animo dant, fides veri et fiducia.

Dum facit quisque peiorem, factus est: didicit deteriora, deinde docuit, effectaque est ingens illa nequitia congesto in unum quod cuique pessimum scitur.

Non ille ire vult, sed non potest stare.

Hoc est enim sapientia, in naturam converti et eo restitui unde publicus error expulerit. Magna pars sanitatis est hortatores insaniae reliquisse et ex isto coitu invicem noxio procul abisse.

Di boni, quantum hominum unus venter exercet!

Memini fuisse quondam in sermone nobilem patinam, in quam quidquid apud lautos solet diem ducere, properans in damnum suum popina congesserat: veneriae spondylique

Bisweilen herrscht zwar Ordnung in unserer Seele, doch ist sie träge und wenig geübt, den Weg der Pflicht zu finden. Diesen zeigt uns die Ermahnung.

Die Begegnung mit einem großen Mann fördert uns in jedem Fall irgendwie, auch wenn er schweigt.

Zwei Dinge verleihen der Seele am meisten Kraft: Vertrauen auf die Wahrheit und Vertrauen auf sich selbst.

Jeder, der einen andern schlechter macht, wird es dadurch selbst. Erst lernt er das Minderwertige, dann lehrt er es andere, und das Resultat ist jene ungeheuerliche Nichtswürdigkeit, wo jeder zusammenträgt und beisteuert, was er an besonders Minderwertigem kennt.

Er will gar nicht gehen, er kann nur nicht stehenbleiben.

Darin besteht nämlich die Weisheit: zur Natur zurückzukehren und in sich den Zustand wiederherzustellen, aus dem uns der allgemeine Wahn vertrieben hat. Ein großer Teil der geistigen Gesundung besteht darin, die Befürworter dieses Wahnsinns zu verlassen und diesen Umgang, der beiden Teilen schadet, ein für allemal aufzugeben.

Große Götter! Wie viele Menschen setzt ein einziger Bauch in Bewegung!

Ich erinnere mich, daß einmal allgemein von einem kostbaren Gericht die Rede war, worin der Koch, sich geradezu in seinen Ruin stürzend, alles kombiniert hatte, was sonst die

et ostrea eatenus circumcisa qua eduntur, intervenientibus turdis distinguebantur. Echini totam distractique sine ullis ossibus mulli constraverant. Piget esse iam singula: coguntur in unum sapores. In cena fit quod fieri debebat in ventre: expecto iam ut manducata ponantur.

Voluptas ex omni quaeritur.

Ille versus et in pectore et in ore sit:

Homo sum, humani nihil a me alienum puto.

Cohaereamus: in commune nati sumus; societas nostra lapidum fornicationi simillima est quae casura nisi invicem obstarent, hoc ipso sustinetur.

Grammatici, custodes Latini sermonis.

Omnia autem ad quae gemimus, quae expavescimus, tributa vitae sunt: horum, mit Lucili, nec speraveris immunitatem nec petieris.

Vivere militare est.

Tagesbeschäftigung der Genießer zu bilden pflegt: Venusmuscheln, Stachelmuscheln und Austern oder vielmehr ihre herausgeschnittenen eßbaren Teile, die durch Zwischenschichten von Wachteln getrennt waren. Das Ganze war zugedeckt mit Seeigeln und entgräteten Seebarben. Man ist der Unterscheidung der einzelnen Speisen offenbar überdrüssig geworden – alle Delikatessen werden in eins zusammengezwungen. So geschieht bereits beim Mahl, was eigentlich erst im Magen geschehen sollte. Jetzt warte ich nur darauf, daß die Speisen demnächst vorgekaut serviert werden.

Genuß – das ist es, was in allem gesucht wird!

Immer sei der berühmte Vers in unserem Herzen und auf unseren Lippen: »Ich bin der Mensch; nichts Menschliches achte ich mir fremd.« Halten wir fest zusammen; für die Gemeinschaft sind wir geboren. Die menschliche Gesellschaft gleicht einem Gewölbe, das zusammenstürzen würde, wenn sich nicht die einzelnen Steine gegenseitig stützten – gerade die Tendenz zum Einsturz hält den Bogen.

Die Philologen – Wächter der lateinischen Sprache.

Alles aber, worüber wir seufzen und wovor wir uns fürchten, ist ein Tribut an das Leben. Abgabenfreiheit davon, mein Lucilius, sollst du weder erhoffen noch wünschen.

Leben heißt Kriegsdienst leisten.

Erras, mi Lucili, si existimas nostri saeculi esse vitium luxuriam et neglegentiam boni moris et alia quae obiecit suis quisque temporibus. Hominum sunt ista, non temporum: nulla aetas vacavit a culpa.

Alioquin ut scias subesse animis etiam in pessima abductis boni sensum nec ignorari turpe, sed neglegi, omnes peccata dissimulant et, quamvis feliciter cesserint, fructu illorum utuntur, ipsa subducunt.

Respice celeritatem rapidissimi temporis, cogita brevitatem huius spatii per quod citatissimi currimus, observa hunc comitatum generis humani eodem tendentis minimis intervallis distinctum, etiam ubi maxima videntur: quem putas perisse, praemissus est. Quid autem dementius quam, cum idem tibi iter emetiendum sit, flere eum qui antecessit? Flet aliquis factum quod non ignoravit futurum?
Aut si mortem in homine non cogitavit, sibi imposuit. Flet aliquis factum quod aiebat non posse non fieri?
Quisquis aliquem queritur mortuum esse, queritur hominem fuisse. Omnis eadem condicio devinxit: cui nasci contigit, mori restat. Intervallis distinguimur, exitu aequamur. Hoc quod inter primum diem et ultimum iacet, varium incertumque est: si molestias aestimes, etiam puero longum, si velocitatem, etiam seni angustum. Nihil non lubri-

Du irrst, mein Lucilius, wenn du glaubst, Laster, Ausschweifung, Vernachlässigung guter Sitte, und was sonst noch ein jeder seiner Zeit vorwirft, seien Kennzeichen gerade unseres Jahrhunderts. Die Ursache all dieser Erscheinungen liegt beim Menschen, nicht bei den Zeiten: Kein Zeitalter ist frei von Fehlern.

Übrigens sollst du wissen, daß auch in Seelen, die ganz auf die Bahn des Bösen geraten sind, insgeheim Gefühl für das Gute vorhanden ist und daß diese Leute nicht etwa nicht wissen, was schändlich ist, sondern sich lediglich nicht darum kümmern. Verheimlichen doch alle ihre Vergehen. Mag einer noch so erfolgreich gewesen sein – er genießt zwar die Früchte, das Verbrechen selbst hält er geheim.

Halte dir die rasende Schnelligkeit der Zeit vor Augen, bedenke die Kürze der Bahn, die wir wie gepeitscht durchstürmen, betrachte den Zug des Menschengeschlechtes, der ein und demselben Ziele entgegenstrebt, nur durch kleine Zwischenräume getrennt – auch dort, wo diese uns groß erscheinen. Der, von dem du glaubst, er sei zugrunde gegangen, ist in Wirklichkeit nur vorausgesandt. Was aber ist törichter, als den zu beweinen, der dir vorangegangen ist: mußt doch auch du einmal denselben Weg durchmessen. Weint man denn über ein Geschehen, von dem man immer wußte, daß es einmal eintreffen wird?

Wer beim Menschen nicht an die Sterblichkeit denkt, täuscht sich selbst. Beweint einer ein Geschehen, das zugegebenermaßen auf jeden Fall eintreten wird.

Wer darüber klagt, daß jemand gestorben ist, klagt darüber, daß er ein Mensch gewesen ist. Alle hält dieselbe

cum et fallax et omni tempestate mobilius: iactantur cuncta et in contrarium transeunt iubente fortuna, et in tanta volutatione rerum humanarum nihil cuiquam nisi mors certum est. Tamen de eo queruntur omnes in quo uno nemo decipitur.

Utrum putas illi (qui periit) male esse quod nullus est an quod est adhuc aliquis? Atqui nec ex eo potest ei tormentum esse quod non est: quis enim nullius sensus est? nec ex eo quod est: effugit enim maximum mortis incommodum, non esse.

Non statim pusillum est si quid maximo minus est.

Deterret enim qui imitandi cupiditatem fecit, spem abstulit.

Qui cotidie vitae suae summam manum imposuit, non indiget tempore.

Bedingtheit gefesselt: Wem zuteil wurde, geboren zu werden, auf den wartet der Tod. Abstände trennen uns, der Ausgang ist immer der gleiche. Was zwischen dem ersten und dem letzten Lebenstage liegt, ist vielgestaltig und ungewiß. Denkst du an seine Beschwerden, ist das Leben selbst für einen Knaben lang, denkst du an seine Schnelligkeit, ist es selbst für einen Greis kurz. Alles entgleitet uns, trügt und ist veränderlicher als Winde und Wolken. Alles wird herumgeschleudert und geht nach der Laune des Geschicks in sein Gegenteil über; in diesem gewaltigen Wirbel der menschlichen Dinge ist uns nur eines gewiß: der Tod. Und doch klagen alle über dieses Einzige, worin doch keiner je betrogen wird.

Glaubst du, es ergehe dem Toten schlecht, weil er niemand mehr ist oder weil er noch jemand ist? Daß er nicht mehr ist, daran kann er nicht leiden; gibt es denn eine Wahrnehmung des Nichts? Ebensowenig kann ihn aber quälen, daß er noch ist, denn dann entrinnt er ja gerade dem größten Nachteil des Todes, nämlich dem Nichtsein.

Wenn etwas kleiner ist als das Größte, so ist es darum noch lange nicht unbedeutend.

Abschreckend wirkt nämlich, wer zwar die Lust zur Nachahmung hervorruft, gleichzeitig aber die Hoffnung nimmt.

Wer täglich letzte Hand an sein Leben legt, bedarf der Zeit nicht.

Ille ex futuro suspenditur cui irritum est praesens.

Rariores sunt casu, etiam si graves, naufragium facere, vehiculo everti: ab homine homini cotidianum periculum.

Quaeris ergo, quomodo mihi consilium profectionis cesserit? Ut primum gravitatem urbis excessi et illum odorem culinarum fumantium quae motae quidquid pestiferi vaporis sorbuerunt, cum pulvere effundunt, protinus mutatam valetudinem sensi. Quantum deinde adiectum putas viribus postquam vineas attigi? in pascuum emissus cibum meum invasi. Repetivi ergo iam me: non permansit marcor ille corporis dubii et male cogitantis; incipio toto animo studere.

O quam bene cum quibusdam ageretur si a se aberrarent.

Alii auferuntur, at ipsi nobis furto subducimur.

Non quia difficilia sunt non audemus, sed quia non audemus difficilia sunt.

Von der Zukunft hängt ab, wer nicht versteht, in der Gegenwart zu wirken.

Schiffbruch erleiden, mit dem Wagen stürzen – solche Unglücksfälle sind zwar schwerwiegend, kommen aber nur selten vor. Vom Menschen jedoch droht dem Menschen täglich Gefahr.

Du fragst mich, wie mir mein Entschluß zur Abreise bekommen sei. Sobald ich heraus war aus der drückenden Schwüle der Stadt und dem Geruch der rauchenden Garküchen, die, kaum in Betrieb, was sie an Pestdämpfen in sich haben, auf die staubigen Straßen schütten, spürte ich sofort eine Besserung meines Zustandes. Du kannst dir denken, wie sich mein Wohlbefinden steigerte, als ich die Weinberge erreichte. Wie auf die Weide gelassen nahm ich mein Mahl in Angriff. Ich habe mich also bereits erholt; fort war jene Ausgedörrtheit: die schwankende Gesundheit, die Lähmung des Denkens; mit ganzer Kraft wende ich mich nun meinen Studien zu.

O wie gut erginge es manchen Menschen, wenn sie einmal aus ihrem Geleise herauskämen!

Andere werden uns (durch den Tod) entrissen – wir selber werden uns entwendet, wir wissen nicht wie.

Nicht weil es schwer ist, wagen wir's nicht, sondern weil wir's nicht wagen, ist es schwer.

Considera quae sint quae hominem in perniciem hominis instigent: invenies spem, invidiam, odium, metum, contemptum.

Nubilo serena succedunt; turbantur maria cum quieverunt; flant in vicem venti; noctem dies sequitur; pars caeli consurgit, pars mergitur: contrariis rerum aeternitas constat.

Qui in solem venit, licet non in hoc venerit, colorabitur; qui in unguentaria taberna resederunt et paulo diutius commorati sunt, odorem secum loci ferunt; et qui ad philosophum fuerunt, traxerint aliquid necesse est quod prodesset etiam neglegentibus. Attende quid dicam: neglegentibus, non repugnantibus.

Non novimus quosdam qui multis apud philosophum annis persederint et ne colorem quidem duxerint?« – Quidni noverim? pertinacissimos quidem et assiduos quos ego non discipulos philosophorum, sed inquilinos voco. Quidam veniunt ut audiant, non ut discant, sicut in theatrum voluptatis causa ad delectandas aures oratione vel voce vel fabulis ducimur. Magnam hanc auditorum partem videbis cui philosophi schola deversorium otii sit.

Überlege, was den Menschen zur Vernichtung seines Mitmenschen aufstachelt; du wirst finden: Hoffnung, Neid, Haß, Furcht, Verachtung.

Auf Wolken folgt klarer Himmel; das Meer tobt, das eben noch ruhig dalag; die Winde lösen einander ab; auf Nacht folgt Tag; ein Teil des Sternenhimmels steigt auf, ein Teil geht unter – aus den Gegensätzen der Dinge besteht die Ewigkeit.

Wer an die Sonne geht, wird braun, auch wenn er es gar nicht darauf angelegt hat. Wer sich in einen Salbenladen setzt und etwas länger verweilt, nimmt den Geruch dieses Ortes an – und wer bei einem Philosophen war, wird in jedem Fall etwas mitnehmen, was ihm nützt, auch wenn er nur unaufmerksam zugehört hat. Wohlverstanden, ich sage: »unaufmerksam«, nicht: »mit innerem Widerstand«.

Kennen wir nicht Leute genug, die viele Jahre in den Hörsälen sitzen, ohne daß es im geringsten abfärbt?« – Wie sollte ich sie nicht kennen; ich nenne sie die ganz Unentwegten und Ausdauernden – eigentlich nicht mehr Schüler der Dozenten, sondern Ureingesessene. Viele kommen bloß, um zu hören, nicht um zu lernen, wie wir zum Vergnügen ins Theater gehen, um unsere Ohren an der Sprache, am Gesang oder an der Handlung zu erfreuen. Unter diesen Hörern wirst du eine große Zahl finden, denen die Bildungsanstalt nur ein Absteigequartier ihres Müßiggangs bedeutet.

Non vitae, sed scholae discimus.

Facile est auditorem concitare ad cupidinem recti: omnibus enim natura fundamenta dedit semenque virtutum. Omnes ad omnia ista nati sumus: cum irritator accessit, tunc illa animi bona veluti soluta excitantur. Non vides quemadmodum theatra consonent quotiens aliqua dicta sunt quae publice adgnoscimus et consensu vera esse testamur?

Desunt inopiae multa, avaritiae omnia.
In nullum avarus bonus est, in se pessimus.

Ad hos versus ille sordidissimus plaudit et vitiis suis fieri convicium gaudet.

Eadem neglegentius audiuntur minusque percutiunt quamdiu soluta oratione dicuntur; ubi accessere numeri et egregium sensum adstrinxere certi pedes, eadem illa sententia velut lacerto excussiore torquetur.

Facillime tenera conciliantur ingenia ad honesti rectique amorem et adhuc docibilibus leviterque corruptis inicit manum veritas si advocatum idoneum nancta est.

Nicht für das Leben, sondern für die Schule lernen wir.

Es ist leicht, im Hörer das Bedürfnis nach dem Rechten zu wecken: Allen nämlich hat die Natur die Voraussetzungen der Tugend und ihren Samen mitgegeben. Wir alle sind eigentlich zu all diesem geboren. Kommt einer, der uns zu erregen versteht, dann werden die guten Anlagen gleichsam gelöst und wachgerüttelt. Siehst du nicht, wie die Theater dröhnen, sooft etwas gesagt wird, was wir allgemein anerkennen und dessen Wahrheit wir durch unsern Beifall bezeugen?

> Viel fehlt der Armut, alles fehlt dem Geiz.
> Mit keinem meint's der Geizhals gut, am wenigsten mit sich.

Diesen Versen klatscht der schäbigste Knauser Beifall und freut sich, daß seine eigenen Fehler getadelt werden.

Dieselben Dinge werden gleichgültiger angehört und dringen weniger tief, wenn sie in Prosa gesagt werden. Sobald aber der Rhythmus dazu kommt und ein festes Versmaß einen vortrefflichen Gedanken noch prägnanter faßt, wird die gleiche Aussage wie von einem weiter ausholenden Arm geschleudert.

Sehr leicht lassen sich jugendliche Seelen für die Liebe zum Guten und Rechten gewinnen, und die Wahrheit ergreift Besitz von den noch bildsamen, nur wenig verdorbenen Gemütern, sofern sie nur einen geeigneten Anwalt findet.

Optimus odor in corpore est nullus.

His ego instinctus abstinere animalibus coepi, et anno peracto non tantum facilis erat mihi consuetudo, sed dulcis. Agitatiorem mihi animum esse credebam, nec tibi hodie affirmaverim an fuerit. Quaeris quomodo desierim? In primum Tiberii Caesaris principatum iuventae tempus inciderat: alienigena tum sacra movebantur, sed inter argumenta superstitionis ponebatur quorundam animalium abstinentia. Patre itaque meo rogante qui non calumniam timebat, sed philosophiam oderat, ad pristinam consuetudinem redii: nec difficulter mihi ut inciperem melius cenare, persuasit.

Itaque quae philosophia fuit, facta philologia est.

Multum autem ad rem pertinet quo proposito ad quamquam rem accedas. Qui grammaticus futurus Vergilium scrutator, non hoc animo legit illud egregium

»fugit irreparabile tempus«:

vigilandum est; nisi properamus, relinquemur; agit nos agiturque velox dies; inscii rapimur; omnia in futurum disponimus et inter praecipitia lenti sumus; – sed ut observet, quotiens Vergilius de celeritate temporum dicit, hoc uti verbo illum »fugit«.

Der beste Körpergeruch ist gar keiner.

Von solchen Theorien beeindruckt, begann ich, mich tierischer Nahrung zu enthalten, und nach Verlauf eines Jahres war mir diese Gewohnheit nicht nur leicht, sondern sogar angenehm. Ich glaubte, mein Geist sei beweglicher geworden, und ich könnte heute nicht mit Sicherheit sagen, ob dies so tatsächlich war. Du fragst, wieso ich damit wieder aufhörte? Meine Jugendzeit fiel in die ersten Regierungsjahre des Kaisers Tiberius. Damals wurden fremde Kulte von Rom verbannt: Enthaltsamkeit vom Fleisch bestimmter Tiere galt als Indiz für die Zugehörigkeit zu einem Aberglauben. Auf Bitten meines Vaters, der zwar nicht die Verleumdung fürchtete, aber die Philosophie haßte, kehrte ich deshalb zu meiner früheren Gewohnheit zurück, und es fiel ihm nicht schwer, mich zu überreden, wieder besser zu essen.

So ist, was einmal Philosophie war, zu Philologie geworden.

Es ist von großer Bedeutung, unter was für einem Gesichtswinkel du an eine Sache herangehst. Wer den Vergil als angehender Philologe durchforscht, liest den prachtvollen Vers:

»Unwiederbringlich flieht die Zeit«,

nicht in dem Sinn: »Seien wir auf der Hut; wenn wir nicht eilen, bleiben wir zurück. Vorwärts treibt uns der rasche Tag und wird selbst vorangetrieben. Ohne es zu spüren, werden wir mitgerissen. Alles verschieben wir auf die Zukunft und bleiben tatenlos mitten im Sturz« – sondern um

Non est quod mireris ex eadem materia suis quemque studiis apta colligere: in eodem prato bos herbam quaerit, canis leporem, ciconia lacertam.

Postea videbimus an tantum dis vacet ut privatorum negotia procurent: interim illud scito, sive adsignati sumus sive neglecti et fortunae dati, nulli te posse imprecari quidquam gravius quam si imprecatus fueris ut se habeat iratum.

Nemo nostrum quid veri esset, excussit, sed metum alter alteri tradidit; nemo ausus est ad id quo perturbabatur, accedere et naturam ac bonum timoris sui nosse. Itaque res falsa et inanis habet adhuc fidem quia non coarguitur.

Hic de quo scribis et mandas, non habet vires: indulsit vitiis. Simul et emarcuit et induruit: non potest recipere rationem, non potest nutrire. »At cupit ipse.« Noli credere. Non dico illum mentiri tibi: putat se cupere. Stomachum illi fecit luxuria: cito cum illa redibit in gratiam. »Sed dicit se offendi vita sua.« Non negaverim: quis enim non offenditur? Homines vitia sua et amant simul et oderunt.

zu beobachten, daß Vergil, sooft er von der Schnelligkeit der Zeit spricht, das Verbum »fugit« (sie flieht) benützt.

Warum sollten wir uns wundern, daß aus demselben Stoff jeder das für seine Interessen Geeignete herausliest? Auf derselben Wiese sucht die Kuh Gras, der Hund den Hasen, der Storch die Eidechse.

Ob die Götter so viel Zeit übrig haben, sich um die Angelegenheiten einzelner Menschen zu kümmern, wollen wir später betrachten. Inzwischen so viel: ob wir ihnen unterstellt sind oder uns selbst und dem Zufall überlassen – du kannst keinem etwas Schlimmeres anwünschen als Unzufriedenheit mit sich selbst.

Was wirklich wahr ist, hat noch keiner von uns herausgefunden, aber einer gibt dem andern die Furcht weiter. Keiner hat es gewagt, an das, was ihn ängstigt, heranzutreten und das Wesen oder die Berechtigung seiner Furcht kennenzulernen. Darum findet der falsche und eitle Wahn noch immer Glauben, weil er nicht in Frage gestellt wird.

Der Mensch, von dem du schreibst und den du mir empfiehlst, ist eine kraftlose Natur. Er gibt seinen Fehlern nach. So ist er gleichzeitig erschlafft und verhärtet. Er kann Vernunft weder von anderen annehmen, noch kann er sie in sich nähren. »Aber er wünscht es doch selbst.« Glaube das nicht! Ich sage nicht, daß er dich anlügt: er glaubt, er wünsche es. Sein schwelgerisches Leben erregt im Moment seinen Ekel, aber er wird sich rasch genug wieder mit ihm aussöhnen. »Aber er sagt doch, daß ihn sein Leben ärgere.«

Inter cetera propter quae mirabile divini artificis ingenium est, hoc quoque existimo esse quod in tanta copia rerum numquam in idem incidit.

Talis hominibus fuit oratio qualis vita.

Cum adsuevit animus fastidire quae ex more sunt, et illi pro sordidis solita sunt, etiam in oratione quod novum est, quaerit.

Sunt qui sensus praecidant et hoc gratiam sperent si sententia pependerit et audienti suspicionem sui fecerit.

Quomodo conviviorum luxuria, quomodo vestium aegrae civitatis indicia sunt, sic orationis licentia, si modo frequens est, ostendit animos quoque a quibus verba exeunt, procidisse.

Haec vitia unus aliquis inducit sub quo tunc eloquentia est, ceteri imitantur et alter alteri tradunt.

Ich bestreite das nicht; wen ärgert es nicht? Die Menschen lieben ihre Fehler und hassen sie zugleich.

Zu allem übrigen, weshalb ich das Genie des göttlichen Baumeisters bewundere, gehört meiner Meinung nach auch, daß er bei einer so überwältigenden Fülle von Schöpfungen nie zweimal auf das Gleiche verfallen ist.

Die Rede eines Menschen entspricht seinem Leben.

Hat sich der Geist einmal daran gewöhnt, das, was üblich ist, zu bemäkeln, und ist ihm das Hergebrachte zu gewöhnlich, sucht er auch in seiner Rede das Neuartige.

Es gibt Leute, die den Gedanken plötzlich abschneiden und sich davon eine besondere Wirkung versprechen, wenn der Satz in der Luft hängt und dem Hörer nur eben eine Ahnung des Sinnes vermittelt.

Wie exzessive Gelage, wie der Kleiderluxus Zeichen einer kranken Gesellschaft sind, so die Verlotterung der Sprache, wenn sie einmal überhand nimmt, ein Symptom dafür, daß die Seelen, aus denen diese Reden hervorgehen, dekadent geworden sind.

Diese Fehler führt der jeweilige Literaturpapst ein; die übrigen ahmen sie nach, und einer gibt sie dem andern weiter.

Cuiuscumque orationem videris sollicitam et politam, scito animum quoque non minus esse pusillis occupatum.

Maiore tormento pecunia possidetur quam quaeritur.

Nullum est vitium sine patrocinio.

Non obtinebis, ut desinat, si incipere permiseris.

Imbecillus est primo omnis affectus. Deinde ipse se concitat et vires, dum procedit, parat. Excluditur facilius quam expellitur.

Quis negat omnes affectus a quodam quasi naturali fluere principio? Curam nobis nostri natura mandavit, sed huic ubi nimium indulseris, vitium est. Voluptatem natura necessariis rebus admiscuit, non ut illam peteremus, sed ut ea sine quibus non possumus vivere, gratiora nobis illius faceret accessio: suo veniat iure, luxuria est.

Quantum possumus nos a lubrico recedamus, in sicco quoque parum fortiter stamus.

Siehst du, daß der Stil ängstlich geglättet und ausgefeilt ist, kannst du sicher sein, daß sich auch die Seele des Autors mit Bagatellen befaßt.

Geld besitzen ist eine noch größere Tortur als es erwerben.

Es gibt keinen Fehler ohne Verteidiger.

Du wirst nicht erreichen, daß einer aufhört, wenn du einmal den Anfang gestattet hast.

Am Anfang ist jede Leidenschaft schwach. Darauf stachelt sie sich selbst an und schafft sich, während sie fortschreitet, Kräfte: es ist leichter, sie auszuschließen als sie auszutreiben.

Wer bestreitet, daß alle Affekte gleichsam aus einer natürlichen Quelle fließen? So hat uns die Natur die Sorge für uns selbst mitgegeben und erst, wenn du diesem Selbsterhaltungstrieb allzu sehr nachgibst, wird er zum Fehler. Notwendigen Vorgängen hat die Natur die Lust beigemischt, nicht, damit wir *diese* suchen, sondern damit ihr Hinzutreten die Funktionen, ohne die wir nicht leben können, für uns anziehender mache. Sobald sie aber selbstherrlich auftritt, wird sie zur Ausschweifung.

Soviel wie möglich wollen wir dem schlüpfrigen Terrain ausweichen; schon auf dem Trockenen haben wir keinen allzu sicheren Stand.

Nolle in causa est, non posse praetenditur.

Multum dare solemus praesumptioni omnium hominum, et apud nos veritatis argumentum est aliquid omnibus videri.

Non est quod compares inter se dissimilia.

Inter sapientiam et sapere quid intersit nescio: scio mea non interesse, sciam ista an nesciam.

Istud quod tu summum putas, gradus est.

Unus lapis facit fornicem, ille qui latera inclinata cuneavit et interventu suo vinxit. Summa adiectio quare plurimum facit vel exigua? quia non auget, sed implet.

Numquam parum est quod satis est.

Alias nervi nos, alias pedes vexant, nunc deiectio, nune destillatio; aliquando superest sanguis, aliquando deest: hinc atque illinc temptamur et expellimur. Hoc evenire solet in alieno habitantibus.

Nicht wollen ist der Grund, nicht können nur der Vorwand.

Wir legen großen Wert auf das allgemeine Urteil der Menschen, und es gilt bei uns als Beweis der Wahrheit, wenn etwas allen richtig erscheint.

Es ist unmöglich, Unähnliches miteinander zu vergleichen.

Was der Unterschied zwischen »Weisheit« und »weise sein« ist, weiß ich nicht; ich weiß aber, daß es mir ganz gleichgültig ist, ob ich das weiß oder nicht weiß.

Was du für den Gipfel hältst, ist nur eine Stufe.

Ein einziger Stein macht den Bogen – jener, der die gegeneinander geneigten Seiten verkeilt und durch sein Dazwischentreten zusammenhält. Warum macht diese letzte Hinzufügung so viel aus, auch wenn sie nur minim ist? Weil sie nicht vermehrt, sondern vollendet.

Nie ist zuwenig, was genügt.

Bald quälen uns die Nerven, bald die Gicht in den Füßen; jetzt ist es der Durchfall, jetzt ein Katarrh; einmal haben wir zuviel, ein andermal zuwenig Blut. Von allen Seiten werden wir angegriffen und aus dem Haus geworfen: so geht's, wenn man nur zur Miete wohnt.

Facilius natura intellegitur quam enarratur.

Nemo non ex nobis intellegit esse aliquid quod impetus suos moveat: quid sit illud, ignorat. Et conatum sibi esse scit: quis sit aut unde sit, nescit. Sic infantibus quoque animalibusque principalis partis suae sensus est non satis dilucidus nec expressus.

Si omnia propter curam mei facio, ante omnia est mei cura. Haec animalibus inest cunctis nec inseritur, sed innascitur. Producit fetus suos natura, non abicit; et quia tutela certissima ex proximo est, sibi quisque commissus est. Itaque tenera quoque animalia et materno utero vel ovo modo effusa, quid sit infestum, ipsa protinus norunt et mortifera devitant: umbram quoque transvolantium reformidant obnoxia avibus rapto viventibus. Nullum animal ad vitam prodit sine metu mortis.

»Quemadmodum, inquit, editum animal intellectum habere aut salutaris aut mortiferae rei potest?« Primum quaeritur an intellegat, non quemadmodum intellegat. Esse autem illis intellectum ex eo apparet quod nihil amplius, si intellexerint, facient. Quid est quare pavonem, quare anserem gallina non fugiat, refugiat autem tanto minorem et ne notum sibi quidem accipitrem? Quare pulli felem timeant, canem non timeant? Apparet illis inesse nocituri scientiam non experimento collectam: nam antequam possint experiri, cavent.

Die Natur wird leichter begriffen als dargelegt.

Jeder weiß, daß es etwas gibt, was seine Entschlüsse in Bewegung setzt; *was* es ist, weiß er allerdings nicht. Er weiß auch, daß er eine antreibende Kraft in sich hat; welcher Art sie ist oder woher sie kommt, weiß er jedoch nicht. So besitzen auch Kinder und Tiere ein ursprüngliches Bewußtsein ihrer Rolle, mag dieses auch nicht sehr klar und nicht artikuliert sein.

Wenn ich alles aus Fürsorge für mich selbst tue, so steht dieser Selbsterhaltungstrieb an erster Stelle. Ihn besitzen alle Lebewesen, und er wird ihnen nicht eingepflanzt, sondern ist angeboren. Die Natur zieht ihre Jungen auf, sie verstößt sie nicht. Und weil *der* Schutz am wirksamsten ist, der uns am nächsten steht, ist jedes Lebewesen gleichsam sich selbst anvertraut. Deshalb wissen ganz junge Tiere, kaum aus dem Mutterleib oder dem Ei heraus, sofort von selbst, welches ihre Feinde sind, und meiden tödliche Gefahren. Schon vor dem Schatten eines vorbeifliegenden Raubvogels erschrickt dessen Beutetier. Kein Tier tritt ins Leben ohne Furcht vor dem Tode.

»Wie kann denn«, fragt man, »ein eben geborenes Tier erkennen, was ihm nützt oder schadet?« Die erste Frage ist, *ob*, nicht *wie* es das weiß. Daß die Tiere aber ein solches Wissen wirklich besitzen, geht daraus hervor, daß sie, wenn wir diese Einsicht voraussetzen, genauso handeln werden, wie sie es jetzt tun. Wie kommt es, daß ein Huhn weder vor einem Pfau noch vor einer Gans flieht, wohl aber vor dem so viel kleineren und ihm nicht einmal bekannten Habicht? Warum fürchten Küken die Katze, nicht aber den Hund? Es

Incertum est et inaequabile quidquid ars tradit; ex aequo venit quod natura distribuit.

Nec est mirum cum eo nasci illa sine quo frustra nascerentur. Primum hoc instrumentum in illa natura contulit ad permanendum, conciliationem et caritatem sui. Non poterant salva esse nisi vellent: nec vero hoc per se profuturum erat, sed sine hoc nulla res profuisset.

Sed in nullo deprendes vilitatem sui, ne neglegentiam quidem. Tacitis quoque et brutis, quamquam in cetera torpeant, ad vivendum sollertia est.

Sunt quidam in eadem urbe antipodes qui, ut M. Cato ait, nec orientem umquam solem viderunt nec occidentem.

Magna pars libertatis est bene moratus venter et contumeliae patiens.

ist klar, daß sie von dem, was ihnen schadet, eine Kenntnis besitzen, die sie nicht durch Erfahrung gewonnen haben. Denn schon bevor sie eine Erfahrung machen können, sind sie auf der Hut.

Unzuverlässig und ungleichmäßig ist alles, was bloßes Können uns vermittelt, immer gleich wirksam aber, was die Natur zuteilt.

Es ist eigentlich nicht erstaunlich, daß die Lebewesen mit Fähigkeiten geboren werden, ohne die ihre Geburt überhaupt sinnlos wäre. Dieses wesentliche Mittel zum Überleben hat die Natur ihnen mitgegeben: Einverstandensein mit ihrem Da-Sein und Zuneigung zu sich selbst. Sie könnten nicht heil bleiben, wenn sie es nicht wollten; dieser Wille würde zwar für sich allein nichts nützen, aber ohne ihn wäre auch alles weitere nutzlos.

Bei keinem Tier wirst du finden, daß es sich selbst gleichgültig ist oder daß es sich auch nur vernachlässigt. Selbst stumme, unintelligente Tiere, auch wenn sie für alles übrige zu stumpf sind, besitzen genügend Geschicklichkeit, am Leben zu bleiben.

Es gibt in ein und derselben Stadt Gegenfüßler, die, wie Cato sagt, weder unseren Sonnenaufgang noch unseren Sonnenuntergang je gesehen haben.

Ein wichtiger Teil der innern Freiheit besteht in einem gut erzogenen Magen, der eine gelegentliche Mißhandlung nicht übel nimmt.

Quod, si pauci facerent, nollemus imitari, cum plures facere coeperunt, quasi honestius sit, quia frequentius, sequimur; et recti apud nos locum tenet error ubi publicus factus est.

Rationale animal es.

Was wir niemals nachahmen würden, wenn es wenige täten, dem schließen wir uns an, sobald mehrere damit anfangen – als ob es dadurch besser würde, daß es häufiger vorkommt. So tritt bei uns an Stelle des Rechten der Irrtum, sobald dieser allgemein geworden ist.

Du bist das Lebewesen mit Vernunft.

HINWEIS AUF SENECA

Lucius Annaeus Seneca stammt aus einer interessanten Familie. Sein Vater, Lucius Annaeus Seneca »der Ältere«, geb. ca. 55 v. Chr. in Corduba (Spanien), war Verfasser einer – teilweise erhaltenen – Sammlung rhetorischer Schulthemen, der wir wertvolle Aufschlüsse über den rhetorischen Studiengang und das literarische Leben der frühen Kaiserzeit verdanken. Von seinen drei Söhnen ist jeder auf seine Weise bemerkenswert. Der ältere Bruder des Philosophen ist der in der Apostelgeschichte (18,12 ff.) erwähnte Lucius Iunius Gallio, der sich als Statthalter von Achaia weigert, den Streit zwischen Paulus und der jüdischen Gemeinde von Korinth zu schlichten. Der jünger Bruder, Marcus Annaeus Mela, ist der Vater des Dichters Lukan, der in seinem Epos »Pharsalia« die stoisch-republikanische Opposition gegen die Monarchie vertritt und wie sein Onkel der großen Säuberungswelle des Jahres 65 n. Chr. zum Opfer fiel.

Seneca, geb. ca. 4 v. Chr. kam mit seinem Vater als Knabe von Corduba nach Rom und erhielt dort wie seine Brüder eine ausgezeichnete Erziehung; ein längerer Aufenthalt in Ägypten, von dem er 31/32 n. Chr. zurückkehrte, ergänzte den Bildungsgang. Nach Abschluß seiner philosophischen und rhetorischen Studien betätigte sich Seneca zunächst als Anwalt, wandte sich aber bald der Politik zu. Er wurde Quaestor und gelangte so in den Senat. Unter Caligula (37-41 n. Chr.) entging er mit knapper Not einer Verurteilung zum Tode; damals rettete ihn einzig der Hinweis einer Tante, der junge Mann werde ohnehin bald an

der Schwindsucht sterben (vgl. S. 54). Unter Claudius (41 bis 54 n. Chr.) wurde Seneca im Jahre 41 auf Betreiben Messalinas nach Korsika verbannt. Erst nach acht Jahren veranlaßte Agrippina, die 49 an Messalinas Stelle getreten war, seine Rückberufung und übertrug ihm und Burrus die Erziehung des zwölfjährigen Nero. Als Mentor des hochbegabten Prinzen verstand es Seneca, seine Machtstellung am Hofe systematisch auszubauen; mit der Thronbesteigung des siebzehnjährigen Nero wurde er de facto der mächtigste Mann im Reiche nach dem Kaiser. Seneca und Burrus dominierten den geheimen Staatsrat *(Consilium principis)* und suchten durch kluge Nachgiebigkeit die Entwicklung des jungen Herrschers in gute Bahnen zu lenken, was ihnen anfänglich auch zu gelingen schien. Bald aber begann sich Nero mehr und mehr dem Einfluß seiner Minister zu entziehen. In der Darstellung des Tacitus (Annalen 13-15) können wir die einzelnen Etappen eines Entmachtungsprozesses verfolgen, der sich über Jahre erstreckte und schließlich zur völligen Kaltstellung Senecas führte. Im Jahre 62, nach Burrus' Tod, zog sich Seneca aus dem öffentlichen Leben zurück, um sich fortan ganz seinen Studien zu widmen. Dennoch sollte er der Rache seines ehemaligen Zöglings, der sich in seinen erbittertsten Feind verwandelt hatte, nicht entgehen. Als 65 die Pisonische Verschwörung gegen den Kaiser aufgedeckt wurde, benützte Nero die Gelegenheit, sich auch Senecas zu entledigen, dessen wachsendes Prestige für das entartete Regime zu einer tatsächlichen Gefahr geworden war. Seneca entzog sich der Hinrichtung, indem er sich die Adern öffnete (Tacitus, Annalen 15, 60 ff.).

Im Zentrum von Senecas philosophischem Denken steht

die Forderung nach der geistigen Autonomie des sittlichen Menschen. Wer von hier aus an die Biographie herantritt, wird zunächst einige Mühe haben, sich in den Widersprüchen dieses Charakters zurechtzufinden. Es ist Seneca offenbar nie gelungen, sein Leben mit den Postulaten seiner Philosophie in Einklang zu bringen; die Diskrepanz zwischen theoretischem Anspruch und tatsächlichem Verhalten ist überall spürbar, nimmt aber in zwei Bereichen fast groteske Ausmaße an: in Senecas Verhältnis zum Kaiserhaus und in seiner Einstellung zum Geld.

Die »Apocolocyntosis«, eine Satire auf die Apotheose des Claudius, ist in erster Linie ein Dokument unversöhnlichen Hasses. Hemmungslos verhöhnt hier Seneca die körperlichen und geistigen Schwächen des Kaisers, der ihn in die Verbannung geschickt hatte. Nicht nur steht dieser maßlose Ausbruch in einem schroffen Widerspruch zu allen Lehren stoischer Unerschütterlichkeit (»Ataraxia«), er verletzt darüber hinaus mit der zynischen Beschimpfung eines toten Gegners auch die primitivsten Gesetze menschlicher Fairneß. Anderseits enthält bereits dieses wohl unmittelbar nach Claudius' Tod (54 n. Chr.) verfaßte Werk ein serviles Preislied auf den jungen Nero, das zeigt, wie rasch der unermüdliche Verherrlicher stoischer Selbstgenügsamkeit bereit war, seine persönliche Würde den Erfordernissen seiner Karriere aufzuopfern. Später, als sein Einfluß im Schwinden war, erniedrigte er sich zu kriecherischen Schmeicheleien und suchte noch die ärgsten Schandtaten des Herrschers zu beschönigen, um seine unhaltbar gewordene Position zu retten.

In finanzieller Hinsicht verstand Seneca es offenbar meisterhaft, seine persönlichen und politischen Beziehungen

im Dienst seiner Interessen spielen zu lassen. Es war damals üblich, in Testamenten einflußreiche Persönlichkeiten aus der Umgebung des Kaisers zu berücksichtigen, um sich und den Angehörigen deren Fürsprache zu sichern. Seneca wurde vorgeworfen, er habe durch Druckmittel die Abfassung solcher Testamente zu seinen Gunsten beeinflußt (vgl. Tacitus, Annalen 13, 42, wo ein Angeklagter Seneca vorhält, er veranstalte förmliche Treibjagden auf Testamente – *testamenta velut indagine eius capi*). Anderseits bot die Liquidierung beschlagnahmter Vermögen finanzkräftigen Spekulanten, die über die nötigen Verbindungen verfügten, immer wieder günstige Gelegenheit, aus der Liquidationsmasse interessante Objekte, vor allem Villen und Grundstücke, zu erwerben. Weder Seneca noch Burrus blieb der Vorwurf erspart, sich auf derartige Geschäfte eingelassen zu haben. Bei seinem Rücktritt besaß Seneca riesige Ländereien, die an Umfang nur noch von den Latifundien des Kaisers übertroffen wurden. Auf ihn trifft tatsächlich zu, was Petronius über Trimalchio sagen läßt: *fundos habet, quantum milvi volant, et nummorum nummos* – Grundbesitz hat er, soweit die Milane fliegen, und Geld und Geldesgelder (Satiricon 37).

Bei Cassius Dio, der im dritten Jahrhundert n. Chr. eine römische Geschichte verfaßte, steht folgende kritische Charakterisierung Senecas (61, 10): »Auch in anderer Beziehung war sein Verhalten seiner Philosophie diametral entgegengesetzt. Der Ankläger der Tyrannei wurde selbst Lehrer eines Tyrannen. Er tadelte zwar aufs schärfste alle, die den Umgang der Mächtigen suchten, hielt sich aber persönlich ständig am Hofe auf. Er ließ keinen guten Faden an Schmeichlern, redete aber seinerseits Messalina und den

Freigelassenen des Claudius in allem nach dem Munde und sandte ihnen sogar aus seinem Exil (auf Korsika) eine Schrift zu ihrer Verherrlichung, die er freilich später aus Scham unterdrückte. Die Reichen klagte er an, erwarb sich jedoch ein Vermögen von 300 Millionen Sesterzen. Und obwohl er die Extravaganzen anderer verurteilte, besaß er fünfhundert Tische aus Zitrusholz – alle genau gleich, mit elfenbeinernen Füßen –, an denen er seine Gäste bewirtete.«

Als Schriftsteller war Seneca ohne Zweifel die blendendste Erscheinung seiner Epoche und von außerordentlicher Vielseitigkeit. In seinen Tragödien geht er von Euripides aus, deutet die Stoffe aber neu aus dem Geiste der Stoa und gewinnt ihnen übersteigerte pathetisch-deklamatorische Wirkungen ab. Mit seinem Einfluß auf den jungen Shakespeare, auf Corneille, Racine und Gryphius steht er am Anfang des europäischen Barocktheaters. In den naturwissenschaftlichen Schriften hält er sich zwar an die stoische Perspektive, zeigt im einzelnen aber immer wieder unabhängiges Urteil (vgl. S. 96ff.); die sieben Bücher der »Naturales quaestiones« zählten im Mittelalter zu den beliebtesten Lehrbüchern der Physik.

Der größte Teil seines literarischen Schaffens ist aber der Philosophie gewidmet, und hier wieder vor allem der Ethik. Senecas Philosophie sucht Regeln für das Leben, zielt unmittelbar auf praktische Anwendbarkeit und huldigt im übrigen, bei aller generellen Ausrichtung auf die Stoa, einem unbefangenen Eklektizismus, der das Brauchbare auch vom Gegner übernimmt (vgl. S. 14, 2. v. unten). Unter der Sammelbezeichnung »Dialogi« sind zwölf längere Abhandlungen erhalten mit Titeln wie »De providen-

tia«, »De constantia sapientis«, »De ira«, »De vita beata«, »De otio«, »De tranquillitate animi«, »De brevitate vitae«. Zu einer eigenen, ihm wirklich gemäßen philosophischen Form hat Seneca erst in den Luciliusbriefen gefunden. 124 Briefe sind erhalten; sie setzen etwa mit dem Jahr des Rücktritts (62 n. Chr.) ein und sind wohl von Anfang an im Hinblick auf eine spätere Veröffentlichung konzipiert. Was wir über den Adressaten wissen, ergibt sich im wesentlichen aus den Briefen selbst: Es handelt sich um einen jüngeren Freund, der sich aus bescheidenen Verhältnissen in den Ritterstand emporgearbeitet hatte und schließlich verschiedene Statthalterposten bekleidete (vgl. S. 56, wo Lucilius Sizilien verwaltet). Die Briefform erlaubt es Seneca, auf lückenlose Deduktion – die ihm ohnehin nicht liegt – zu verzichten und seine Gedanken ohne Systemzwang assoziativ um wechselnde thematische Zentren zu gruppieren; auch der Eklektizismus findet hier seine formale Rechtfertigung.

Daß sich unsere Auswahl ganz auf dieses Spätwerk stützt, ist kein Zufall. Alle wichtigen Einsichten der früheren Schriften erscheinen hier in neuer, persönlicher Beleuchtung und finden ihre schlagendste Formulierung. Senecas Stilprinzip der knappen, meist antithetisch zugespitzten Sentenz feiert in den Luciliusbriefen seine höchsten und legitimsten Triumphe. Seneca war immer ein Lieblingsautor der Sentenzensammler; manche seiner funkelnden Sätze scheinen geradezu danach zu rufen, aus dem Kontext erlöst zu werden, um in der Isoliertheit zu ihrem vollen Glanz zu gelangen. Unsere Auswahl stützt sich auf keine ältere Anthologie; sie möchte neben dem stoischen Philosophen, Sittenrichter und Gewissensberater auch je-

nen Seneca zu Wort kommen lassen, der sich aus unmittelbarer Einsicht mit Scharfsinn und oft erstaunlich modern anmutendem Einfühlungsvermögen, immer aber mit unüberbietbarer Prägnanz zu Welt und Leben äußert. Die Übersetzung verzichtet von vornherein auf das aussichtslose Unterfangen, die sprachlichen Wirkungen des Originals ins Deutsche herüberzuholen; sie ist lediglich als Hilfe für das Verständnis des lateinischen Originals gedacht.

STELLENNACHWEIS

Alle Stellenangaben beziehen sich auf Senecas »Briefe an Lucilius«. Dem Text liegt die Ausgabe von François Préchac zugrunde, die 1945-1964 in fünf Bänden unter dem Patronat der Association Guillaume Budé im Verlag Les Belles Lettres, Paris, erschienen ist.

Motto: 39,1
S. 12: 1,2; 1,2; 1,3; 1,5; 2,1; 2,2
S. 14: 2,2; 2,3; 2,3; 2,3; 2,5; 3,3; 3,3; 3,4; 3,5
S. 16: 3,6; 4,3; 4,5; 5,2; 5,6; 5,7; 5,9; 6,1; 6,1
S. 18: 6,4; 6,4; 6,6; 7,1; 7,2; 7,9; 7,11; 7,11
S. 20: 7,12; 9,6; 9,9; 9,13; 11,7; 11,9; 12,1
S. 22: 13,2; 13,4; 13,9; 13,10f.
S. 24: 14,2; 14,7; 14,9; 15,7; 16,6; 17,12; 18,1
S. 26: 18,4; 18,6; 18,15; 19,4; 19,8; 19,9; 19,11; 20,2
S. 28: 20,11; 22,1; 22,9f.; 22,11; 23,3; 23,4; 23,8
S. 30: 24,20; 24,25; 24,25f.; 25,7
S. 32: 27,2; 28,1; 28,2; 28,4; 28,6f.
S. 34: 28,4; 29,3; 29,12; 30,10; 31,2; 31,11; 32,1
S. 36: 33,1; 33,5; 33,11; 34,4; 39,6; 41,6; 41,8f.; 42,3f.
S. 38: 42,5; 42,7; 43,2; 44,3; 44,4; 45,13
S. 40: 46,3; 47,18; 48,6; 49,5; 50,7; 52,12
S. 42: 52,13; 53,6f.; 54,4f.
S. 44: 55,3f.; 55,5; 56,4
S. 46: 58,32; 59,5; 59,11; 60,4; 61,3; 64,9; 65,1; 66,26
S. 48: 67,1; 68,4; 68,8; 69,1f.; 70,23
S. 50: 71,6; 71,22; 71,24; 71,36; 73,3; 75,6; 75,11; 75,16; 75,17; 76,3
S. 52: 76,8; 76,10; 77,11; 77,16; 77,18; 77,20
S. 54: 78,1ff.; 79,8; 79,13; 79,17; 81,2

S. 56: 79,1 f.

S. 58: 81,9; 81,17; 81,19; 81,20; 81,22; 81,29; 81,32

S. 60: 82,15 f.; 82,16; 83,1; 85,13; 85,23

S. 62: 83,24; 85,5; 85,35; 87,16; 87,18

S. 64: 87,2 ff.

S. 66: 88,7; 88,29; 88,32; 88,37

S. 68: 89,18 f.; 89,19; 89,19; 89,21; 89,23; 90,19; 90,20; 91,5

S. 70: 92,12; 92,24; 92,30 f.; 92,32; 93,2

S. 72: 93,3; 93,7; 94,9; 94,17; 94,26; 94,28

S. 74: 94,32; 94,40; 94,46; 94,54; 94,63; 94,68 f.; 95,24; 95,26 f.

S. 76: 95,33; 95,53; 95,65; 96,2; 96,5

S. 78: 97,1; 97,12; 99,7 ff.

S. 80: 99,30; 100,9; 100,12; 101,8

S. 82: 101,9; 103,1; 104,6; 104,8; 104,12; 104,26

S. 84: 105,1; 107,8; 108,4; 108,5 f.

S. 86: 106,12; 108,8 f.; 108,10; 108,12

S. 88: 108,16; 108,22; 108,23; 108,24

S. 90: 108,29; 110,2; 110,5; 112,3

S. 92: 113,16; 114,1; 114,10; 114,11; 114,11; 114,17

S. 94: 115,2; 115,16; 116,2; 116,2; 116,3; 116,3; 116,6

S. 96: 116,8; 117,6; 117,15; 117,33; 118,6; 118,16; 119,7; 120,16

S. 98: 121,11; 121,13; 121,17 ff.

S. 100: 121,23; 121,24; 122,2; 123,3

S. 102: 123,6; 124,23.

SACHREGISTER

ZU DIESER AUSGABE

insel taschenbuch 1656: Seneca für Manager. Der Text folgt der Ausgabe Seneca für Manager. Sentenzen. Aus den »Briefen an Lucilius«. Ausgewählt und übersetzt von Georg Schoeck. Artemis Verlag Zürich und München 1989. Umschlagabbildung: Unter Verwendung eines Fotos von »The Image Bank«.

Alte Welt und Mittelalter
im insel taschenbuch

Apuleius: Der goldene Esel. Mit Illustrationen von Max Klinger zu »Amor und Psyche«. Aus dem Lateinischen von August Rode. Mit einem Nachwort von Wilhelm Haupt. it 146

Augustinus: Bekenntnisse. Lateinisch und deutsch. Eingeleitet, übersetzt und erläutert von Joseph Bernhart. Mit einem Vorwort von Ernst Ludwig Grasmück. it 1002

Joseph Bédier: Der Roman von Tristan und Isolde. Mit Holzschnitten von 1484. Deutsch von Rudolf G. Binding. it 387

Boethius: Trost der Philosophie. Zweisprachige Ausgabe. Lateinisch und deutsch. Mit einem Nachwort von Ernst Ludwig Grasmück. it 1215

Otto Borst: Alltagsleben im Mittelalter. Mit zeitgenössischen Abbildungen. it 513

Reiseführer zu den Sieben Weltwundern. Philon von Byzanz und andere antike Texte. Zweisprachige Ausgabe von Kai Brodersen. Mit zahlreichen Abbildungen. it 1392

Giordano Bruno: Das Aschermittwochsmahl. Übersetzt von Ferdinand Fellmann. Mit einer Einleitung von Hans Blumenberg. it 548

Roberto Calasso: Die Hochzeit von Kadmos und Harmonia. Aus dem Italienischen von Moshe Kahn. it 1476

Marcus Tullius Cicero: Von den Pflichten. Lateinisch und deutsch. Neu übertragen und herausgegeben von Harald Merklin. Mit einem Nachwort von Manfred Fuhrmann. Zweisprachige Ausgabe. it 1273

Dante: Die Göttliche Komödie. Mit fünfzig Holzschnitten von Botticelli. Deutsch von Friedrich Freiherr von Falkenhausen. 2 Bde. it 94

Epiktet: Wege zum glücklichen Handeln. Aus dem Lateinischen von Wilhelm Capelle. it 1458

Epikur: Philosophie der Freude. Briefe, Hauptlehrsätze, Spruchsammlung, Fragmente. Übertragen und mit einem Nachwort versehen von Paul M. Laskowsky. it 1057

Erasmus von Rotterdam: Das Lob der Torheit. Mit den Randzeichnungen von Hans Holbein dem Jüngeren. Übersetzt und herausgegeben von Uwe Schultz. it 369

Das Evangeliar Heinrichs des Löwen. Erläutert von Elisabeth Klemm. Mit farbigen Bildtafeln. it 1121

Geschichten aus dem Mittelalter. Herausgegeben von Hermann Hesse. Aus dem Lateinischen übersetzt von Hermann Hesse und J.G.T. Graesse und mit Nacherzählungen von Leo Greiner. Neu zusammengestellt von Volker Michels. it 161

151/1/11.93

Alte Welt und Mittelalter
im insel taschenbuch

Griechisches Theater. Aischylos: Die Perser. Die Sieben gegen Theben. Sophokles: Antigone. König Ödipus. Elektra. Aristophanes: Die Vögel. Lysistrata. Menander: Das Schiedsgericht. Deutsch von Wolfgang Schadewaldt. it 721

Hartmann von Aue erzählt. Erec. Iwein oder der Löwenritter. Gregorius oder Der gute Sünder. Der arme Heinrich. Aus dem Mittelhochdeutschen von Lambertus Okken. it 1417

Helmut Hiller: Heinrich der Löwe. Herzog und Rebell. Eine Chronik von Helmut Hiller. it 922

Homer: Ilias. Neue Übertragung von Wolfgang Schadewaldt. Mit antiken Vasenbildern. it 153

– Ilias. Odyssee. In der Übertragung von Johann Heinrich Voß. it 1204

Horaz: Oden. Lateinisch und deutsch. Neu übertragen von Winfried Tilmann. it 1418

Klosterleben im deutschen Mittelalter. Nach zeitgenössischen Quellen von Johannes Bühler. Mit zahlreichen Abbildungen. Herausgegeben von Georg A. Narciß. it 1135

Christoph Kolumbus: Bordbuch. Mit einem Nachwort von Frauke Gewecke und zeitgenössischen Illustrationen. it 476

Dieter Kühn: Ich Wolkenstein. Eine Biographie. Neue, erweiterte Ausgabe. it 497

– Neidhart aus dem Reuental. it 1389

– Parzival. Der Parzival des Wolfram von Eschenbach. it 1328

Longus: Daphnis und Chloë. Ein antiker Liebesroman. Aus dem Griechischen übersetzt und mit einem Nachwort von Arno Mauersberger. Mit Illustrationen der »Edition du Régent«. it 136

Thomas Malory: Die Geschichten von König Artus und den Rittern seiner Tafelrunde. 3 Bde. Übertragen von Helmut Findeisen auf der Grundlage der Lachmannschen Übersetzung. Mit einem Nachwort von Walter Martin. Mit Illustrationen von Aubrey Beardsley. it 239

Marc Aurel: Selbstbetrachtungen. Aus dem Lateinischen von Otto Kiefer. Mit einem Vorwort von Klaus Sallmann. it 1374

Meister Eckhart: Das Buch der göttlichen Tröstung. Ins Neuhochdeutsche übertragen von Josef Quint. it 1005

Minnesinger. In Bildern der Manessischen Liederhandschrift. Mit Erläuterungen herausgegeben von Walter Koschorreck. Vierundzwanzig Abbildungen. it 88

Die Nibelungen. In der Wiedergabe von Franz Keim. Mit Illustrationen von Carl Otto Czeschka. Mit einem Vor- und Nachwort von Helmut Brackert. Im Anhang die Nacherzählung »Die Nibelungen« von Gretel und Wolfgang Hecht. it 14

151/2/11.93

Alte Welt und Mittelalter im insel taschenbuch

Ovid: Liebeskunst. Nach der Übersetzung von W. Hertzberg. Bearbeitet von Franz Burger-München. Mit Abbildungen nach etruskischen Wandmalereien. it 164

– Metamorphosen. In der Übertragung von Johann Heinrich Voß. Mit den Radierungen von Pablo Picasso und einem Nachwort von Bernhard Kytzler. it 1237

Francesco Petrarca: Dichtungen. Briefe. Schriften. Auswahl und Einleitung von Hanns W. Eppelsheimer. it 486

Platon: Sämtliche Werke. Griechisch und deutsch. Nach der Übersetzung Friedrich Schleiermachers, ergänzt durch Übersetzungen von Franz Susemihl u.a. Griechischer Text nach der letztgültigen Gesamtausgabe der Association Guillaume Budé. Herausgegeben von Karlheinz Hülser. Zehn Bände in Kassette. it 1401-1410

– Apologie. Protagoras. Sämtliche Werke I. Ion. Protagoras. Apologie. Kriton. Laches. Lysis. Charmides. Griechisch und deutsch. it 1401

– Euthyphron. Gorgias. Sämtliche Werke II. Euthyphron. Alkibiades I. Gorgias. Menexenos. Griechisch und deutsch. it 1402

– Menon. Kratylos. Sämtliche Werke III. Menon. Kratylos. Euthydemos. Hippias maior. Griechisch und deutsch. it 1403

– Symposion. Phaidon. Sämtliche Werke IV. Hippias minor. Symposion. Phaidon. Griechisch und deutsch. it 1404

– Politeia. Sämtliche Werke V. Politeia. Griechisch und deutsch. it 1405

– Theaitetos. Phaidros. Sämtliche Werke VI. Phaidros. Theaitetos. Griechisch und deutsch. it 1406

– Sophistes. Politikos. Sämtliche Werke VII. Parmenides. Sophistes. Politikos. Griechisch und deutsch. it 1407

– Timaios. Kritias. Sämtliche Werke VIII. Philebos. Timaios. Kritias. Griechisch und deutsch. it 1408

– Nomoi. Sämtliche Werke IX. Nomoi. Griechisch und deutsch. it 1409

– Briefe. Sämtliche Werke X. Briefe. Unechtes. Griechisch und deutsch. it 1410

– Phaidon. In der Übersetzung von Rudolf Kassner. Mit einem Nachwort von Karl Hielscher. it 379

– Das Trinkgelage oder Über den Eros. Übertragung, Nachwort und Erläuterungen von Ute Schmidt-Berger. Mit einer Wirkungsgeschichte von Jochen Schmidt und griechischen Vasenbildern. it 681

Der Sachsenspiegel in Bildern. Aus der Heidelberger Bilderhandschrift ausgewählt und erläutert von Walter Koschorreck. it 218

Sappho. Neu übertragen und kommentiert von Stefanie Preiswerk-zum Stein. Mit farbigen Abbildungen. it 1229

151/3/11.93

Alte Welt und Mittelalter im insel taschenbuch

Sappho: Strophen und Verse. Übersetzt und herausgegeben von Joachim Schickel. it 309

Gustav Schwab: Sagen des klassischen Altertums. 3 Bde. Mit sechsundneunzig Zeichnungen von John Flaxman und einem Nachwort von Manfred Lemmer. it 127

Seneca: Vom glücklichen Leben. Philosophische Schriften und Briefe. Herausgegeben und aus dem Lateinischen übertragen von Heinz Berthold. it 1457

– Von der Seelenruhe. Philosophische Schriften und Briefe. Herausgegeben und aus dem Lateinischen übertragen von Heinz Berthold. it 743

Sophokles: Aias. Übertragen von Wolfgang Schadewaldt. Herausgegeben von Hellmut Flashar. Mit zahlreichen Abbildungen. it 1562

– Antigone. Übertragen und herausgegeben von Wolfgang Schadewaldt. Mit einem Nachwort, einem Aufsatz, Wirkungsgeschichte und Literaturhinweisen. it 70

– Antigone. Übersetzt von Hölderlin. Bearbeitet von Martin Walser und Edgar Selge. it 1248

– König Ödipus. Übertragen und herausgegeben von Wolfgang Schadewaldt. Mit einem Nachwort, drei Aufsätzen, Wirkungsgeschichte und Literaturnachweisen. it 15

Tacitus: Germania. Zweisprachig. Übertragen und erläutert von Arno Mauersberger. it 471

Der tanzende Tod. Mittelalterliche Totentänze. Herausgegeben, eingeleitet und übersetzt von Gert Kaiser. it 647

François Villon: Sämtliche Dichtungen. Zweisprachige Ausgabe. Aus dem Französischen von Walther Küchler. it 1039

151/4/11.93